JN105452

はじめての日本語能力試験

# N4 単語 1500

1500 Essential Vocabulary for the JLPT N4

アークアカデミー

タイ語・インドネシア語訳 + 赤シート

พร้อมคำแปลภาษาไทย
Dilengkapi terjemahan bahasa Indonesia

ask

# はじめに

　この本は、日本語能力試験のレベル別シリーズの一冊となっており、本書はＮ４合格を目指すためのものです。

　日本語能力試験によく取り上げられ、毎日の暮らしにも役立つ単語をリストアップしました。チャプター・セクションごとにテーマがあり、それぞれの場面をイメージして学べます。タイ語とインドネシア語の対訳がついているので、単語や例文の意味もスムーズに確認することができます。Ｎ４レベルの基本単語に加え、「同義語」「反義語」「関連語・類義語」、コラムに挙げた単語・表現を含め、約1,500語を収録しました。

　すべての漢字にルビがついているので、辞書なしで勉強できるのも魅力です。また、赤シート、単語と例文の音声、チャプターごとの模擬試験も用意しました。

　日本で学習している方はもちろん、日本以外の国で学習している方にもイメージしやすい内容になっています。この単語帳は試験対策だけではなく、日本語を学習する皆さんにとって心強い一冊になります。合格を心から祈っています。

2019 年 10 月

著者一同

      หนังสือเล่มนี้เป็นหนึ่งในหนังสือชุดเตรียมสอบวัดระดับ ความรู้ภาษาญี่ปุ่น ซึ่งแบ่งเป็นระดับต่าง ๆ โดยเล่มนี้เป็น หนังสือสำหรับผู้ที่ต้องการสอบผ่านระดับ N4

      ในหนังสือเล่มนี้ได้คัดเลือกคำศัพท์ที่มักออกในข้อสอบ วัดระดับความรู้ภาษาญี่ปุ่น และเป็นคำศัพท์ที่มีประโยชน์ใน ชีวิตประจำวันด้วย โดยแบ่งคำศัพท์ในแต่ละบทและหมวด ตามหัวข้อ ช่วยให้สามารถเรียนรู้โดยนึกภาพตามแต่ละ สถานการณ์ได้ และสามารถตรวจสอบความหมายของคำ ศัพท์และตัวอย่างประโยคได้อย่างลื่นไหล เนื่องจากมีคำ แปลภาษาไทยกำกับ นอกจากคำศัพท์พื้นฐานระดับ N4 แล้ว ยังเพิ่ม เติม "คำที่มีความหมายเหมือนกัน" "คำที่มีความ หมายตรงข้ามกัน" และ "คำที่มีความ เกี่ยวข้องกันและคำที่ มีความหมายคล้ายกัน" ซึ่งเมื่อนับรวมคำศัพท์และสำนวนที่ ปรากฏในคอลัมน์แล้ว หนังสือเล่มนี้จะมีคำศัพท์ประมาณ 1,500 คำ

      สิ่งที่น่าสนใจอีกประการของหนังสือเล่มนี้คือ สามารถ เรียนรู้ได้โดยไม่ต้องใช้พจนานุกรม เพราะมีเสียงอ่านกำกับ อักษรคันจิทุกตัว นอกจากนี้ยังมีแผ่นพลาสติก สีแดง ไฟล์ เสียงอ่านคำศัพท์และตัวอย่างประโยค รวมถึงตัวอย่าง ข้อสอบไว้ในแต่ละบทด้วย

      หนังสือเล่มนี้มีเนื้อหาที่สามารถนึกภาพออกได้ไม่ยาก สำหรับการเรียนทั้งใน และนอกประเทศญี่ปุ่น และไม่ได้ใช้ เพื่อเตรียมสอบเท่านั้นแต่ช่วยเสริมความมั่นใจให้กับผู้เรียน ภาษาญี่ปุ่นทุก ๆ คนอีกด้วย ขอให้ทุกท่านสอบผ่าน

ตุลาคม 2019
คณะผู้เขียน

## Kata Pengantar

Buku ini salah satu jilid dari buku seri yang dibagi berdasarkan level Ujian Kemampuan Bahasa Jepang, dan merupakan buku yang ditujukan agar bisa lulus level N4.

Dalam buku ini disusun daftar kosakata yang sering digunakan dalam Ujian Kemampuan Bahasa Jepang dan juga bermanfaat dalam kehidupan sehari-hari. Ada tema tertentu pada tiap bab dan subbab, sehingga bisa dipelajari dengan membayangkan masing-masing situasi percakapannya. Karena dilengkapi terjemahan bahasa Thailand dan bahasa Indonesia, maka bisa dengan mudah dan lancar mengkonfirmasi arti kosakata dan contoh kalimatnya. Selain kosakata dasar Ujian Kemampuan Bahasa Jepang N4, buku ini menyajikan seluruhnya 1500 kosakata, termasuk di dalamnya sinonim, antonim, kata-kata yang berkaitan dan kata yang artinya mirip, dan juga frasa yang digunakan dalam kolom.

Daya tarik lain dari buku ini adalah semua huruf kanji dilengkapi cara bacanya sehingga bisa dipelajari tanpa kamus. Selain itu, disediakan juga plastik mika merah, file audio setiap kosakata dan contoh kalimat, dan soal latihan di setiap bab.

Isi buku ini juga mudah dimengerti baik oleh orang yang sedang belajar di Jepang maupun orang yang sedang belajar di luar Jepang. Buku saku daftar kosakata ini bukan hanya untuk belajar persiapan ujian Ujian Kemampuan Bahasa Jepang saja, namun bisa menjadi buku yang sangat membantu Anda semua dalam mempelajari Bahasa Jepang secara umum. Kami berharap semoga Anda sekalian bisa lulus Ujian Kemampuan Bahasa Jepang.

Oktober 2019
Dari penulis

## この本の使い方
### ほん　つか　かた

### ▶ テーマ別単語学習
### べつたん　ご　がくしゅう

เรียนรู้คำศัพท์ตามหัวข้อ / Belajar Kosakata Berdasarkan Tema

日本語能力試験で取り上げることが多い単語がテーマ別にチャプター・セクショ
にほんごのうりょくしけん　と　あ　　　　　　　おお　たんご　　　　べつ
ンでまとめられています。チャプターの順どおりに進めてもいいですし、興味の
　　　　　　　　　　　　　　　じゅん　　　　すす　　　　　　　　きょうみ
あるチャプターから始めてもいいでしょう。
　　　　　　　　はじ

รวบรวมคำศัพท์ที่มักปรากฏในข้อสอบวัดระดับความรู้ภาษาญี่ปุ่น โดยแบ่งเป็น บทและหมวดตาม
หัวข้อ สามารถศึกษาเรียงไปตามบทหรือเริ่มต้นจากบทที่สนใจก่อน ก็ได้
Kosakata yang sering keluar dalam Ujian Kemampuan Bahasa Jepang dirangkum berdasarkan
temanya dan dibagi dalam beberapa bab dan subbab. Anda bisa belajar secara urut bab per bab
namun bisa juga mulai belajar dari bab-bab yang temanya Anda minati.

### ▶ 模擬試験で腕試し
### も ぎ しけん　うでだめ

ทดสอบความสามารถด้วยตัวอย่างข้อสอบ /
Mengukur kemampuan dengan mengerjakan soal latihan

日本語能力試験の語彙問題の模擬試験がウェブサイトにあります（PDF／オンライン）。
にほんごのうりょくしけん　ご い もんだい　も ぎ しけん
くわしくはウェブサイトをご覧ください。https://www.ask-books.com/jp/hajimete-jlpt/

มีตัวอย่างข้อสอบวัดระดับความรู้ภาษาญี่ปุ่นอยู่ในเว็บไซต์ (PDF/ออนไลน์) โปรดดูรายละเอียดจาก
เว็บไซต์
Soal latihan kosakata Ujian Kemampuan Bahasa Jepang tersedia di laman kami, dapat diunduh
berupa PDF maupun diakses secara online. Untuk lebih jelasnya, silakan mengunjungi laman kami.

### ▶ 赤シートの活用
### あか　　　　かつよう

ใช้ประโยชน์จากแผ่นพลาสติกสีแดง / Manfaat plastik mika merah

付属の赤シートで、単語と例文中の単語を隠して学習できます。訳を参照して、
ふぞく　あか　　　　　たんご　れいぶんちゅう　たんご　かく　　がくしゅう　　　やく　さんしょう
隠れている語がすぐに思い出せるか確認しましょう。
かく　　　　　ご　　　　　　おも　だ　　　　かくにん

ผู้เรียนสามารถเรียนรู้คำศัพท์โดยใช้แผ่นพลาสติกสีแดงที่ให้มากับหนังสือ เล่มนี้ปิดคำศัพท์และคำศัพท์
ในตัวอย่างประโยค จากนั้นดูคำแปลและตรวจสอบว่า สามารถนึกคำศัพท์ที่ถูกปิดไว้ได้ในทันทีหรือไม่
Anda dapat belajar dengan menutupi setiap kosakata dan kosakata yang muncul dalam contoh kalimat
menggunakan plastik mika merah ini. Mari mengecek apakah kita dapat mengingat kembali kosakata
yang ditutupi plastik mika merah ini dengan merujuk pada bagian terjemahannya.

### ▶ 音声の活用
### おんせい　かつよう

ใช้ประโยชน์จากไฟล์เสียง / Manfaat rekaman bunyi/audio

単語と例文の音声がウェブサイトにあります。くわしくはウェブサイトをご覧く
たんご　れいぶん　おんせい　　　　　　　　　　　　　　　　　　　　　　　　　らん
ださい。https://www.ask-books.com/jp/hajimete-jlpt/

มีไฟล์เสียงอ่านคำศัพท์และตัวอย่างประโยคอยู่ในเว็บไซต์ (MP3/ออนไลน์) โปรดดูรายละเอียดจาก
เว็บไซต์
Rekaman bunyi/audio setiap kosakata dan contoh kalimat tersedia di laman kami berupa MP3
maupun diakses secara online. Untuk lebih jelasnya, silakan mengunjungi laman kami.

単語の番号です。
หมายเลขคำศัพท์
Nomor Kosakata

**Section 4**

**買い物**
かもの

Shopping / Đi chợ, mua sắm

278-419

| 360 | ねだん | <u>ねだん</u>を 見てから、くつを 買います。 |
| | 名 price / giá cả | I buy shoes after looking at the price. |
| | | Sau khi xem giá, tôi sẽ mua giày. |
| 361 | 上がる | 食料品の ねだんが 上がりました。 |
| | あ | しょくりょうひん あ |
| | 動 to increase / tăng | The price of food has increased. |
| | | Giá cả thực phẩm đã tăng lên. |
| | | ⬌ 下がる |
| 362 | バーゲン | 明日から 夏の バーゲンが 始まります。 |
| | | あした なつ はじ |
| | 名 bargain / đợt giảm giá, sự giảm giá | Summer bargains start tomorrow. |
| | | Từ ngày mai đợt bán giảm giá mùa hè bắt đầu. |
| | | ▬ セール・バーゲンセール |

覚えたら、チェックボックスに
おぼ
チェックを 入れましょう。
เมื่อจดจำคำศัพท์ได้แล้ว
ให้ทำเครื่องหมายลงใน ช่องสี่เหลี่ยม
Kalau sudah ingat, berilah tanda
centang di bagian kotak.

単語の品詞です。
たんご ひんし
ชนิดของคำศัพท์
Pengelompokan/kategori kosakatanya.

一緒に覚える単語と、注意点や説明などです。
いっしょ おぼ たんご ちゅういてん せつめい
คำศัพท์ที่ควรจำไปพร้อมกัน และข้อควรระวังหรือคำอธิบาย
Ini adalah kosakata lain yang berkaitan dengan kosakata
tersebut dan hal-hal yang perlu diperhatikan dan juga
penjelasan.

太字は自動詞・他動詞
ふとじ じどうし たどうし
の助詞です。
じょし
ตัวหนาคือ คำช่วย
ของอกรรมกริยาและ
สกรรมกริยา
Huruf yang dicetak
tebal adalah kata kerja
intransitif atau kata kerja
transitif.

➕：関連語・類義語など
かんれんご るいぎご
คำที่มีความเกี่ยวข้องหรือมีความหมายคล้ายกัน
Kosakata yang berkaitan atau kosakata yang mirip artinya.

▬：同義語　คำที่มีความหมายเหมือนกัน /
どうぎご
persamaan kata/sinonim

⬌：反義語　คำที่มีความหมายตรงข้ามกัน /
はんぎご
lawan kata/antonim

⟡：注意点や説明
ちゅういてん せつめい
ข้อควรระวังหรือคำอธิบาย
Hal-hal yang perlu diperhatikan dan penjelasan

▶ この本で使用する品詞の一覧　ตารางแสดงชนิดของคำที่ใช้ในหนังสือเล่มนี้
ほん しよう ひんし いちらん　Daftar kategori/pengelompokan kosakata yang digunakan dalam buku ini.

| 名：名詞 คำนาม / Kata Benda | 副：副詞 คำกริยาวิเศษณ์ / Kata Keterangan |
| めいし | ふくし |
| 動：動詞 คำกริยา / Kata Kerja | 接続：接続詞 คำสันธาน / Kata Penghubung |
| どうし | せつぞくし |
| ナ形：ナ形容詞 คำคุณศัพท์ ナ / Kata Sifat ナ | |
| けいようし | |
| イ形：イ形容詞 คำคุณศัพท์ イ / Kata Sifat イ | |
| けいようし | |
| 連体：連体詞 คำขยายคำนาม / Kata keterangan adnominal | |
| れんたいし | |

# 目次
もくじ

**Chapter 1**　私たちの 毎日 ････････････････････ 11
わたし　　まいにち

ทุก ๆ วันของพวกเรา / Keseharian Kita

1 時間　เวลา / Jam ･･･････････････ 12
じ かん

2 家族　ครอบครัว / Keluarga ･･･････････ 18
か ぞく

3 家　บ้าน / Rumah ･･･････････････ 22
いえ

4 部屋　ห้อง / Kamar ･･･････････････ 26
へ や

5 朝から 夜まで　จากเช้าจรดค่ำ / Dari Pagi sampai Malam ･･ 31
あさ　　よる

**Chapter 2**　勉強と 仕事 ････････････････････ 37
べんきょう　しごと

การเรียนและการทำงาน / Pelajaran dan Pekerjaan

1 学校　โรงเรียน / Sekolah ･････････････ 38
がっこう

2 大学　มหาวิทยาลัย / Universitas ･･････････ 44
だいがく

3 勉強　การเรียน / Pelajaran ･･･････････ 48
べんきょう

4 仕事①　การทำงาน ① / Pekerjaan ① ･･･････ 51
し ごと

5 仕事②　การทำงาน ② / Pekerjaan ② ･･･････ 55
し ごと

コミュニケーションに 使える ことば ❶ あいさつ　การทักทาย / Salam　59
つか

**Chapter 3**　楽しいこと ･･･････････････････ 61
たの

เรื่องแสนสนุก / Hal yang menyenangkan

1 旅行　การท่องเที่ยว / Wisata ･･･････････ 62
りょこう

2 料理〜食べる　อาหาร - การกิน / Masakan 〜 Makan ･･ 67
りょうり　た

3 料理〜作る　อาหาร - การปรุง / Masakan 〜 Memasak ･･ 71
りょうり　つく

4 買い物　การซื้อของ / Belanja ･･････････ 75
か もの

5 場所　สถานที่ / Tempat ･･･････････ 79
ば しょ

これもおぼえよう！ ❶ 動物・数えることば・日本の「47 都道府県」と「大きな都市」
どうぶつ　かぞ　　　　　にほん　　　　とどうふけん　　　おお　　とし

สิงสาราสัตว์/คำศัพท์สำหรับการนับ/จังหวัดทั้ง 47 และเมืองใหญ่ของญี่ปุ่น /
Binatang/Kata bantu bilangan/Pembagian 47 provinsi di Jepang/Kota-kota besar　84

**Chapter 4**　出かけよう！ ･･･････････････････ 87
で

ออกไปสนุกกันเถอะ！ / Mari bepergian!

1 天気　อากาศ / Cuaca ･･････････････ 88
てん き

2 自然　ธรรมชาติ / Alam ･･････････････ 91
し ぜん

3 乗り物　ยานพาหนะ / Kendaraan ･･･････ 95
の もの

8

**4** 運転する　ขับรถ / Menyetir ……………………………… 99
**5** 世界　โลก / Dunia ……………………………………… 103
これもおぼえよう！ ❷ 国・地域　ประเทศและภูมิภาค / Negara・Daerah　106

Chapter **5**　人と 人との 関係 ……………………… 109
ความสัมพันธ์ของคน / Hubungan antar manusia

**1** コミュニケーション　การสื่อสาร / Komunikasi ……… 110
**2** 恋人　คนรัก / Pacar/kekasih ………………………… 115
**3** トラブル　ความยุ่งยาก / Kendala ………………………… 119
**4** しゅみ　งานอดิเรก / Hobi/kegemaran ……………… 124
**5** スポーツ　กีฬา / Olahraga ………………………… 128
これもおぼえよう！ ❸ スポーツ　กีฬา / Olahraga　132

Chapter **6**　けんこうと ようす ……………… 133
สุขภาพและสภาพ / Keadaan kesehatan

**1** 体・けんこう　ร่างกายและสุขภาพ / Badan・Kesehatan… 134
**2** 病気・けが　ความเจ็บป่วยและอาการบาดเจ็บ / Sakit・Cidera/luka 139
**3** ファッション　แฟชั่น / Busana ………………………… 143
**4** ようす①　สภาพ ① / Keadaan ① ………………… 146
**5** ようす②　สภาพ ② / Keadaan ② ………………… 149
これもおぼえよう！ ❹ 色・ようす　สีสัน/สภาพ / Warna・Keadaan　153

Chapter **7**　いつ？ どこで？ ……………… 155
เมื่อไร？ที่ไหน？ / Kapan? Di mana?

**1** ニュース　ข่าว / Berita …………………………………… 156
**2** 約束　สัญญา / Janji ……………………………………… 159
**3** 気持ち　ความรู้สึก / Perasaan ………………………… 162
**4** 副詞も おぼえよう！①
จำคำกริยาวิเศษณ์ด้วยนะ！① / Mari menghafalkan juga kata keterangan! ① 166
**5** 副詞も おぼえよう！②
จำคำกริยาวิเศษณ์ด้วยนะ！② / Mari menghafalkan juga kata keterangan! ② 170
**6** 接続詞も おぼえよう！　จำคำสันธานด้วยนะ！ / Mari menghafalkan juga kata penghubung!… 174
コミュニケーションに 使える ことば ❷ 敬語　ภาษาสุภาพ / Bahasa ragam hormat　177

50音順 単語索引　ดัชนีคำศัพท์เรียงลำดับตามเสียงอักษรญี่ปุ่น /
　　　　　　　　 Daftar 50 kosakata sesuai urutan abjad Jepang　…………… 182

# N4
# Chapter
# 1

# 私たちの 毎日
わたし　　　まいにち

## ทุก ๆ วันของพวกเรา
## Keseharian Kita

単語 No.
たんご

| **1** | 時間<br>じかん | เวลา / Jam | 1〜34 |
|---|---|---|---|
| **2** | 家族<br>かぞく | ครอบครัว / Keluarga | 35〜52 |
| **3** | 家<br>いえ | บ้าน / Rumah | 53〜79 |
| **4** | 部屋<br>へや | ห้อง / Kamar | 80〜110 |
| **5** | 朝から 夜まで<br>あさ　　　よる | จากเช้าจรดค่ำ /<br>Dari Pagi sampai Malam | 111〜144 |

# 時間
じかん

เวลา / Jam

---

**1** □ たった今
いま

電車は たった今 出た ところです。
でんしゃ　　　　いま　で

副 **เดี๋ยวนี้**
**baru saja**

รถไฟเพิ่งจะออกไปเดี๋ยวนี้
Kereta baru saja berangkat.

---

**2** □ 今にも
いま

空が 暗くなって、今にも 雨が 降りそうです。
そら　くら　　　　　いま　　　　あめ　ふ

副 **ทำท่าว่า**
**sewaktu-waktu, segera**

ท้องฟ้าครึ้มลง ฝนก็ทำท่าว่าจะตก
Langit menjadi gelap, sepertinya hujan akan turun segera.

---

**3** □ もうすぐ

今 11 時半。もうすぐ ランチの 時間です。
いま　　じはん　　　　　　　　　じかん

副 **ในไม่ช้า อีกประเดี๋ยว**
**sudah hampir**

ตอนนี้ 11 โมงครึ่ง อีกประเดี๋ยวก็ได้เวลาอาหาร กลางวัน
Sekarang jam 11:30. Sudah hampir waktu makan siang.

---

**4** □ さっき

A「山下さんは?」
　やました
B「山下さんなら、さっき 帰りましたよ。」
　やました　　　　　　　　かえ

副 **เมื่อสักครู่ สักครู่**
**tadi**

A : คุณยามาชิตะล่ะ
B : คุณยามาชิตะเหรอ กลับไปสักครู่แล้วล่ะ
A : Di mana Yamashita-san?
B : Kalau Yamashita-san sudah pulang tadi.

---

**5** □ このごろ

このごろ、寒い日が 多いですね。
　　　　　さむ　ひ　　おお

名 **หมู่นี้ ช่วงนี้ ระยะนี้**
**akhir-akhir ini**

ช่วงนี้หนาวหลายวันเลยนะ
Akhir-akhir ini sering dingin ya.

☞ ใช้อธิบายสถานการณ์ ไม่ใช่การกระทำ / Bisa digunakan untuk menjelaskan keadaan.
Dan tidak bisa digunakan untuk menjelaskan perbuatan.

---

**6** □ 最近
さいきん

最近、スペイン語を 勉強して います。
さいきん　　　　　　ご　　べんきょう

名 **เมื่อเร็ว ๆ นี้ เร็ว ๆ นี้**
**baru-baru ini**

เพิ่งเรียนภาษาสเปนเมื่อเร็ว ๆ นี้
Baru-baru ini, saya belajar bahasa Spanyol.

☞ ใช้อธิบายได้ทั้งสถานการณ์และการกระทำ
Dapat digunakan bukan hanya untuk perbuatan tapi juga untuk keadaan.

| 7 □ | この 間<br><small>あいだ</small> | A 「田中さんは 元気ですか。」<br><small>たなか</small> <small>げんき</small><br>B 「ええ。この 間 会いましたよ。」<br><small>あいだ</small> <small>あ</small> |
|---|---|---|
| 名 | **เมื่อไม่นานมานี้**<br>beberapa waktu lalu | A : คุณทานากะสบายดีไหม<br>B : สบายดีนะ เพิ่งเจอเมื่อไม่นานมานี้เอง<br>A : Apakah Tanaka-san sehat?<br>B : Ya, Beberapa waktu lalu saya bertemu dengan dia. |
| 8 □ | 今度<br><small>こんど</small> | ①今度の テスト は とても むずかしかった。<br><small>こんど</small><br>②A 「今度、お酒を 飲みに 行きましょう。」<br><small>こんど</small> <small>さけ</small> <small>の</small> <small>い</small><br>B 「ええ、ぜひ。」 |
| 名 | **ครั้งนี้ ครั้งหน้า**<br>kali ini | ① การสอบครั้งนี้ยากมาก<br>② A : คราวหน้าไปดื่มเหล้ากันเถอะ B : ได้เลย เอาสิ<br>① Tes kali ini sangat sulit.<br>② A : Ayo, lain kali kita pergi untuk minum sake.<br>  B : Ya, baiklah. |

☝ 今度 ใช้ได้ทั้งในความหมาย ① ครั้งนี้หรือคราวนี้ และ ② ครั้งหน้าหรือคราว หน้า
今度 memiliki dua arti, yaitu ① waktu sekarang ② waktu berikutnya.

| 9 □ | いつでも | A 「食事するなら、いつが いいですか。」<br><small>しょくじ</small><br>B 「私は いつでも いいですよ。」<br><small>わたし</small> |
|---|---|---|
| 副 | **ตลอด เสมอ ไม่ว่าเมื่อไร**<br>kapan pun | A : จะกินข้าวกันเมื่อไรดี<br>B : ฉันได้ตลอดเลยนะ<br>A : Kapan sebaiknya kita makan bersama?<br>B : Saya bisa kapan pun. |
| 10 □ | いつか | いつか 家族で 世界旅行を したいです。<br><small>かぞく</small> <small>せかいりょこう</small> |
| 副 | **สักวันหนึ่ง**<br>suatu saat | สักวันหนึ่งอยากจะไปเที่ยวรอบโลกกับครอบครัว<br>Suatu saat saya ingin berwisata ke seluruh dunia dengan keluarga. |
| 11 □ | しょうらい | しょうらい、医者に なりたいと 思って います。<br><small>いしゃ</small> <small>おも</small> |
| 名 | **ในอนาคต**<br>di masa depan | คิดว่าในอนาคตอยากจะเป็นหมอ<br>Di masa depan, saya ingin menjadi dokter. |

➕ 未来 อนาคต / di masa depan
<small>みらい</small>

☝ しょうらい ใช้พูดถึงอนาคตของตัวบุคคล ส่วนคำว่า 未来 ใช้พูดถึงอนาคตของ
สิ่งที่มีขอบเขตใหญ่กว่าเช่นอย่างประเทศหรือดาวเคราะห์ / しょうらい digunakan
ketika menjelaskan tentang masa depan secara perorangan. 未来 digunakan
ketika menjelaskan tentang ruang lingkup yang lebih luas seperti negara atau daerah.

**12** むかし

むかし、ここは 海でした。
<small>うみ</small>

名 เมื่อก่อน สมัยก่อน
**dahulu**

เมื่อก่อนที่นี่เคยเป็นทะเล
Dahulu, di sini adalah laut.

➕ むかし話 นิทานปรัมปรา ตำนาน / dongeng jaman dahulu
<small>ばなし</small>

---

**13** ある日
<small>ひ</small>

ある日、家の 前に 黒猫が いました。
<small>いえ まえ くろねこ</small>

名 วันหนึ่ง
**suatu hari**

วันหนึ่งมีแมวสีดำอยู่หน้าบ้าน
Suatu hari, ada seekor kucing hitam di depan rumah.

➕ あるとき ครั้งหนึ่ง / suatu waktu・ある人 คนหนึ่ง / seseorang・
<small>ひと</small>

ある町 เมืองหนึ่ง / suatu kota・ある国 ประเทศ หนึ่ง / suatu negara
<small>まち</small> <small>くに</small>

👉 ใช้อ้างถึงวันในอดีตที่ไม่ระบุแน่ชัด และใช้แสดงจุดเวลาที่ไม่แน่ชัดด้วย
Digunakan untuk menyebutkan hari yang tidak pasti di waktu lampau. Dan juga digunakan untuk menyebutkan titik waktu yang tidak jelas kapan.

---

**14** 昼間
<small>ひる ま</small>

このあたりは 昼間は 人が 多いですが、
<small>ひる ま ひと おお</small>
夜は しずかです。
<small>よる</small>

名 ช่วงกลางวัน กลางวัน
**siang hari**

แถวนี้ช่วงกลางวันคนจะเยอะ แต่ช่วงกลางคืนจะ เงียบ
Ada banyak orang saat siang hari di sekitar sini tetapi sangat sepi di malam hari.

---

**15** 夕方
<small>ゆうがた</small>

夕方から 強い 雨が 降るそうです。
<small>ゆうがた つよ あめ ふ</small>

名 ตอนเย็น
**sore hari**

ได้ยินว่าฝนจะตกหนักตั้งแต่ตอนเย็น
Kabarnya akan turun hujan lebat sore hari.

---

**16** 夜中
<small>よ なか</small>

毎日、夜中まで 勉強して います。
<small>まいにち よ なか べんきょう</small>

名 กลางดึก
**larut malam**

ดูหนังสือจนถึงกลางดึกทุกวัน
Setiap malam belajar sampai larut malam.

➕ 真夜中 กลางดึก / tengah malam
<small>ま よ なか</small>

---

**17** 明日
<small>あ す</small>

明日の 午後までに メールを 送って ください。
<small>あ す ご ご おく</small>

名 พรุ่งนี้
**besok**

กรุณาส่งอีเมลภายในบ่ายพรุ่งนี้ด้วย
Tolong mengirim surat elektronik paling lambat besok siang.

🟰 明日
<small>あした</small>

👍 คันจิคำนี้อ่านว่า あす ในบริบททางธุรกิจ และจะอ่านว่า あした ในบทสนทนา ทั่ว ๆ ไป
Kanji ini dalam hal bisnis dibaca あす dan dalam percakapan sehari-hari dibaca あ
した.

---

**18** おととい

かぜを ひいて、<u>おととい</u>から 熱が あります。
<small>ねつ</small>

名 **เมื่อวานซืน**
**kemarin lusa**

เป็นหวัด แล้วก็มีไข้ตั้งแต่เมื่อวานซืน
Saya sedang masuk angin dan demam sejak kemarin
lusa.

---

**19** ゆうべ

<u>ゆうべ</u>、うちで パーティーを しました。

名 **เมื่อคืนนี้**
**tadi malam, semalam**

จัดปาร์ตี้ที่บ้านเมื่อคืนนี้
Kami berpesta tadi malam.

🟰 きのうの 晩・きのうの 夜
<small>ばん</small> <small>よる</small>

---

**20** 今夜
<small>こんや</small>

<u>今夜</u>は とても 寒いです。
<small>こんや</small> <small>さむ</small>

名 **คืนนี้**
**malam ini, nanti malam**

คืนนี้หนาวมาก
Malam ini sangat dingin.

🟰 今晩
<small>こんばん</small>

---

**21** 今週
<small>こんしゅう</small>

<u>今週</u>は、あまり いそがしくないです。
<small>こんしゅう</small>

名 **สัปดาห์นี้**
**minggu ini, pekan ini**

สัปดาห์นี้ไม่ค่อยยุ่ง
Minggu ini tidak begitu sibuk.

---

**22** 今月
<small>こんげつ</small>

<u>今月</u>、大切な テストが 3つも あります。
<small>こんげつ</small> <small>たいせつ</small> <small>みっ</small>

名 **เดือนนี้**
**bulan ini**

เดือนนี้มีการสอบสำคัญ ๆ ตั้ง 3 ครั้ง
Bulan ini ada 3 tes yang penting.

---

**23** 再来週
<small>さ らいしゅう</small>

来週は いそがしいので、<u>再来週</u> 会いましょう。
<small>らいしゅう</small> <small>さ らいしゅう</small> <small>あ</small>

名 **สองอาทิตย์ข้างหน้า**
**อีกสองอาทิตย์**
**dua minggu mendatang,**
**dua pekan mendatang**

อาทิตย์หน้าจะยุ่ง เจอกันอีกสองอาทิตย์ข้างหน้า แล้วกัน
Karena minggu depan sibuk, mari bertemu dua minggu
mendatang.

---

**24** 再来月
<small>さ らいげつ</small>

<u>再来月</u>から 1年間 ニューヨークへ 行きます。
<small>さ らいげつ</small> <small>ねんかん</small> <small>い</small>

名 **สองเดือนข้างหน้า**
**อีกสองเดือน**
**dua bulan mendatang**

อีกสองเดือนข้างหน้าจะไปนิวยอร์ค 1 ปี
Saya akan pergi ke New York selama 1 tahun mulai dua
bulan mendatang.

**25** 再来年（さらいねん）

名　สองปีข้างหน้า อีกสองปี
dua tahun mendatang

再来年、この国で オリンピックが あります。

จะมีการแข่งขันกีฬาโอลิมปิกที่ประเทศนี้ในอีกสองปีข้างหน้า

Akan ada Olimpiade di negara ini dua tahun mendatang.

---

**26** おととし

名　สองปีก่อน สองปีที่แล้ว
dua tahun lalu

日本へ 来たのは おととしの 4月です。

ตอนที่มาญี่ปุ่นเป็นเดือนเมษายนเมื่อสองปีที่แล้ว

Saya datang ke Jepang bulan April dua tahun lalu.

---

**27** 毎週（まいしゅう）

名　ทุกสัปดาห์
setiap minggu, setiap pekan

毎週 土曜日は 友だちと テニスを して います。

ติเทนนิสกับเพื่อนทุกวันเสาร์

Setiap minggu saya bermain tenis dengan teman pada hari Sabtu.

---

**28** 毎月（まいつき）

名　ทุกเดือน
setiap bulan

毎月 二十日に アルバイト代が もらえます。

ได้รับค่าจ้างงานพิเศษวันที่ 20 ของทุกเดือน

Saya bisa mendapat upah kerja paruh waktu pada tanggal 20 setiap bulan.

---

**29** 毎年（まいとし）

名　ทุกปี
setiap tahun

毎年、クリスマスに 国へ 帰ります。

ทุกปีจะกลับประเทศช่วงวันคริสต์มาส

Setiap tahun saya pulang pada waktu hari Natal.

---

**30** 平日（へいじつ）

名　วันธรรมดา
hari kerja Senin ～ Jumat

平日は 仕事が とても いそがしいです。

วันธรรมดางานจะยุ่งมาก

Pada hari kerja, pekerjaan sangat sibuk.

➕ 週末（しゅうまつ）สุดสัปดาห์ / akhir pekan, akhir minggu

---

**31** 最初（さいしょ）

名　ตอนแรก เริ่มแรก
awal, pertama

最初に「あいうえお」を おぼえました。

ตอนแรกจะจำ " あいうえお " ก่อน

Pertama, saya menghafal " あいうえお ."

---

**32** 最中（さいちゅう）

名　ในระหว่าง
pada saat

テストの 最中に 教室を 出ては いけません。

ห้ามออกนอกห้องเรียนในระหว่างการสอบ

Pada saat tes tidak boleh keluar dari ruangan.

| 33 最後<br>さいご | この バスは <u>最後</u>に 東京駅に 着きます。<br>さいご　とうきょうえき　つ |
|---|---|
| 名 สุดท้าย<br>terakhir | สุดท้ายรถบัสคันนี้จะถึงที่สถานีโตเกียว<br>Bus ini terakhir akan tiba di stasiun Tokyo. |
| 34 先に<br>さき | A「お昼ごはんに 行きましょう。」<br>B「私は まだ 仕事が あるので、<br>わたし　　　　しごと<br>　<u>先に</u> 行って ください。」<br>さき　い |
| 副 ก่อน ล่วงหน้า<br>lebih dulu, duluan | A：ไปกินข้าวเที่ยงกันเถอะ<br>B：ฉันยังมีงานอยู่ ไปก่อนเลย<br>A：Mari kita pergi makan siang.<br>B：Silakan pergi lebih dulu karena saya masih ada pekerjaan. |

# 家族
かぞく

ครอบครัว / Keluarga

---

**35** ☐ 夫
おっと

名 **สามี**
**suami saya**

夫は 毎日 おそくまで 仕事を して います。
おっと　　まいにち　　　　　　しごと

สามีทำงานจนดึกดื่นทุกวัน
Suami saya setiap hari bekerja sampai larut malam.

➕ 主人 สามี (ของตนเอง) / suami orang lain
しゅじん

👍 หากเป็นสามีของผู้อื่นจะใช้คำว่า ご主人 / Suami orang lain disebut ご主人 .

---

**36** ☐ 妻
つま

名 **ภรรยา**
**istri saya**

妻は カレーが 大好きです。
つま　　　　　　　だい す

ภรรยาชอบแกงกะหรี่มาก
Istri saya sangat suka nasi kari.

➕ 家内 ภรรยา (ของตนเอง) / istri saya
かない

👍 หากเป็นภรรยาของผู้อื่นจะใช้คำว่า おくさん / Istri orang lain disebut おくさん .

---

**37** ☐ 両親
りょうしん

名 **พ่อแม่**
**orang tua saya**

両親は イギリスに 住んで います。
りょうしん　　　　　　　　す

พ่อแม่อาศัยอยู่ที่อังกฤษ
Orang tua saya tinggal di Inggris.

---

**38** ☐ むすこ

名 **ลูกชาย**
**anak laki-laki saya**

むすこは 小学校から サッカーを やって います。
しょうがっこう

ลูกชายเล่นฟุตบอลมาตั้งแต่โรงเรียนประถม
Anak laki-laki saya bermain sepakbola sejak Sekolah Dasar.

👍 หากเป็นลูกชายของผู้อื่นจะใช้คำว่า むすこさん / Anak orang lain disebut むすこさん .

---

**39** ☐ むすめ

名 **ลูกสาว**
**anak perempuan saya**

むすめは 勉強より スポーツのほうが 好きです。
べんきょう　　　　　　　　　　　す

ลูกสาวชอบกีฬามากกว่าการเรียนหนังสือ
Anak perempuan saya lebih suka olah raga daripada belajar.

👍 หากเป็นลูกสาวของผู้อื่นจะใช้คำว่า むすめさん หรือ おじょうさん
Anak perempuan orang lain disebut むすめさん atau おじょうさん .

**40** お子さん

先生の <u>お子さん</u>は 今 中学生ですか。
せんせい　　こ　　　　いま ちゅうがくせい

名　ルーク (ของผู้อื่น)
anak orang lain

ลูกของอาจารย์ตอนนี้เป็นนักเรียนมัธยมต้นหรือเปล่า
คะ/ครับ

Apakah anak Bapak, Ibu Guru sekarang siswa Sekolah
Menengah Pertama?

**41** 祖父
そ ふ

<u>祖父</u>は 小学校の 先生でした。
そ ふ　　しょうがっこう　　せんせい

名　ปู่ ตา
kakek saya

ปู่ (/ตา) เคยเป็นครูโรงเรียนประถม
Kakek saya dulu adalah guru Sekolah Dasar.

➕ おじいさん คุณปู่ คุณตา ผู้ชายสูงวัย / kakek orang lain

👉 คำว่า おじいさん สามารถใช้นอกเหนือครอบครัวได้ หมายถึง ผู้ชายสูงวัย
　 おじいさん bisa digunakan untuk menyebut laki-laki yang sudah tua selain anggota
keluarga sendiri.

**42** 祖母
そ ぼ

私は <u>祖母</u>が 大好きです。
わたし　　そ ぼ　　だい す

名　ย่า ยาย
nenek saya

ฉันรักย่า (/ยาย) มาก
Saya sangat sayang nenek saya.

➕ おばあさん คุณย่า คุณยาย ผู้หญิงสูงวัย / nenek orang lain

👉 คำว่า おばあさん สามารถใช้นอกเหนือครอบครัวได้ หมายถึง ผู้หญิงสูงวัย
　 おばあさん bisa digunakan untuk menyebut perempuan yang sudah tua selain
anggota keluarga sendiri.

**43** まご

祖父と 祖母には <u>まご</u>が 8人 います。
そ ふ　　そ ぼ　　　　　　　にん

名　หลาน
cucu saya

ปู่กับย่ามีหลาน 8 คน
Kakek dan nenek saya cucunya 8 orang.

👉 หากเป็นหลานของผู้อื่นจะใช้คำว่า おまごさん
　 Cucu orang lain disebut おまごさん.

**44** おじ

この <u>おじ</u>は 母の 弟 です。
はは　　おとうと

名　ลุง น้า (ผู้ชาย)
paman saya

น้าคนนี้เป็นน้องชายของแม่
Paman saya ini adik laki-laki ibu saya.

➕ おじさん คุณลุง คุณน้า (ผู้ชาย) ผู้ชายวัยกลางคน / paman orang lain

👉 คำว่า おじさน สามารถใช้นอกเหนือครอบครัวได้ หมายถึง ผู้ชายวัยกลางคน
　 おじさん bisa digunakan untuk menyebut laki-laki paruh baya selain anggota
keluarga sendiri.

---

**45**
☐

おば

おばは とても 料理が 上手です。
りょうり じょうず

名 ป้า อา (ผู้หญิง)
bibi saya

ป้าทำอาหารเก่งมาก
Bibi saya sangat pintar memasak.

➕ おばさん คุณป้า คุณอา (ผู้หญิง) ผู้หญิงวัยกลางคน / bibi orang lain

👉 คำว่า おばさん สามารถใช้นอกเหนือครอบครัวได้ หมายถึง ผู้หญิงวัยกลางคน
おばさん bisa digunakan untuk menyebut perempuan paruh baya selain anggota keluarga sendiri.

---

**46**
☐

親せき
しん

姉の 結婚式に 親せきが たくさん 来ます。
あね けっこんしき しん き

名 ญาติ
kerabat

ญาติ ๆ มางานแต่งงานของพี่สาวกันหลายคน
Banyak kerabat yang datang pada pesta pernikahan kakak perempuan saya.

---

**47**
☐

ペット

この アパートで ペットは 飼えません。
か

名 สัตว์เลี้ยง
binatang peliharaan

อพาร์ตเมนท์นี้เลี้ยงสัตว์เลี้ยงไม่ได้
Di apartemen ini tidak bisa memelihara binatang peliharaan.

➕ ペットショップ ร้านสัตว์เลี้ยง / toko perlengkapan binatang peliharaan

---

**48**
☐

似る
に

私は 母に、姉は 父に 似て います。
わたし はは あね ちち に

動 เหมือน คล้าย
mirip

ฉันเหมือนแม่ พี่สาวเหมือนพ่อ
Saya mirip ibu, dan kakak perempuan saya mirip ayah.

👉 ปกติจะใช้ในรูป 似ている ในประโยคทั่ว ๆ ไป
Selalu digunakan bentuk 似ている .

---

**49**
☐

(心配を)かける
しんぱい

両親に 心配を かけては いけません。
りょうしん しんぱい

動 ทำให้เป็นห่วง
ทำให้กังวล
membuat khawatir

ห้ามทำให้พ่อแม่เป็นห่วง
Tidak boleh membuat khawatir orang tua.

---

**50**
☐

しかる

子どもの とき、母に よく しかられました。
こ はは

動 ดุ ต่อว่า
marah, omel

ตอนเด็ก ๆ โดนแม่ดุอยู่บ่อย ๆ
Ketika masih kecil, saya sering dimarahi ibu.

---

| 51 | ほめる | テストで 100 点を とって、父に <u>ほめられ</u>ました。<br>ひゃく てん ／ ちち |
|---|---|---|
| 動 | ชมเชย<br>**memuji** | ได้คะแนนสอบ 100 คะแนน พ่อเลยชม<br>Ayah memuji karena saya mendapat nilai tes 100. |
| 52 | 飼う<br>か | うさぎを <u>飼って</u> みたいです。<br>か |
| 動 | เลี้ยง (สัตว์)<br>**memelihara** | อยากลองเลี้ยงกระต่ายดู<br>Saya ingin mencoba memelihara kelinci. |

# Section 3

# 家
いえ

## บ้าน / Keluarga

| | | |
|---|---|---|
| **53** ☐ | アパート | 今の アパートは 前の ところより 広いです。<br>いま ・ まえ ・ ひろ |
| 名 | **อพาร์ตเมนต์**<br>**apartemen** | อพาร์ตเมนต์ (ที่อยู่) ตอนนี้กว้างกว่าที่เก่า<br>Apartemen saya sekarang lebih luas dari pada apartemen sebelumnya. |
| **54** ☐ | マンション | うちの マンションは 駅から 歩いて 3分です。<br>えき ・ ある ・ ぶん |
| 名 | **แมนชั่น**<br>**apartemen mewah** | แมนชั่นของฉันเดินจากสถานี 3 นาที<br>Apartemen kami jika berjalan dari stasiun 3 menit. |
| **55** ☐ | 家賃<br>や ちん | 来月から 家賃が 少し 高くなります。<br>らいげつ ・ や ちん ・ すこ ・ たか |
| 名 | **ค่าเช่าบ้าน**<br>**uang sewa rumah** | ค่าเช่าบ้านจะสูงขึ้นเล็กน้อยตั้งแต่เดือนหน้า<br>Mulai bulan depan uang sewa rumah saya akan naik sedikit. |
| **56** ☐ | 管理人<br>かん り にん | マンションには いつも 管理人さんが います。<br>かん り にん |
| 名 | **ผู้ดูแล (อาคาร)**<br>**penjaga, pengelola** | ที่แมนชั่นจะมีผู้ดูแลตลอดเวลา<br>Apartemen selalu ada pengelolanya. |
| **57** ☐ | 住所<br>じゅうしょ | 田中さんの 住所を 知って いますか。<br>たなか ・ じゅうしょ ・ し |
| 名 | **ที่อยู่**<br>**alamat** | รู้ที่อยู่ของคุณทานากะไหม<br>Apakah Anda tahu alamat Tanaka-san? |
| **58** ☐ | 建てる<br>た | しょうらい、大きい 家を 建てたいです。<br>おお ・ いえ ・ た |
| 動 | **สร้าง...**<br>**membangun** | ในอนาคตอยากสร้างบ้านหลังใหญ่ ๆ<br>Di masa depan, saya ingin membangun rumah yang besar. |
| **59** ☐ | 建つ<br>た | となりに 大きい ビルが 建ちました。<br>おお ・ た |
| 動 | **...สร้าง (ขึ้น)**<br>**berdiri bangunan** | ตึกหลังใหญ่สร้างอยู่ข้าง ๆ<br>Berdiri gedung tinggi di samping rumah saya. |

**60**
立てる
た

動 ตั้ง วาง
meletakkan, mendirikan,
menegakkan

ドアの ところに かさを 立てて おきます。
た

วางร่มไว้แถวประตู
Saya meletakkan payung di tempat pintu.

---

**61**
立つ
た

動 ตั้ง (อยู่) ยืน
berdiri

家の 前に 大きい 木が 立って います。
いえ　まえ　おお　　き　　た

ต้นไม้ต้นใหญ่ขึ้นอยู่หน้าบ้าน
Di depan rumah saya tumbuh pohon besar.

---

**62**
ひっこし〈する〉

名 การย้ายบ้าน
pindahan rumah

明日は ひっこしです。
あした

พรุ่งนี้จะย้ายบ้าน
Besok pindahan.

➕ ひっこす ย้ายบ้าน / berpindah rumah

---

**63**
うつす

動 ย้าย... เคลื่อนย้าย
memindahkan

となりの 部屋に テーブルを うつしました。
へや

ย้ายโต๊ะไปไว้ที่ห้องข้าง ๆ
Saya memindahkan meja ke kamar sebelah.

---

**64**
うつる

動 ...ย้าย
pindah

駅前の ビルに 郵便局が うつります。
えきまえ　　　　ゆうびんきょく

ที่ทำการไปรษณีย์ย้ายไปที่ตึกหน้าสถานี
Kantor pos akan pindah ke gedung di depan stasiun.

---

**65**
自宅
じ たく

名 บ้าน (ของฉัน)
rumah milik sendiri

これは 私の 自宅の 電話番号です。
わたし　じたく　でんわばんごう

นี่เป็นเบอร์โทรศัพท์ที่บ้านฉัน
Ini nomor telepon rumah saya.

---

**66**
お宅
たく

名 บ้าน (ของผู้อื่น)
mumah orang lain

先生の お宅は どちらですか。
せんせい　たく

บ้านของอาจารย์อยู่ที่ไหน
Rumah Bapak/Ibu Guru di mana?

---

**67**
訪問〈する〉
ほうもん

名 การเยี่ยม
mengunjungi

明日、友だちの 家を 訪問します。
あした　とも　　いえ　ほうもん

จะไปเยี่ยมบ้านเพื่อนพรุ่งนี้
Besok saya akan mengunjungi rumah teman.

**68** □
招待〈する〉
しょうたい

名 การเชื้อเชิญ
mengundang

今度の 週末、友だちを 家に 招待します。
こんど　しゅうまつ　とも　　いえ　しょうたい

จะเชิญเพื่อน ๆ มาที่บ้านสุดสัปดาห์หน้า
Akhir pekan berikutnya saya akan mengundang teman
ke rumah.

➕ 招待状 บัตรเชิญ การ์ดเชิญ / surat undangan
しょうたいじょう

---

**69** □
近所
きんじょ

名 แถวบ้าน ละแวกนี้
di dekat rumah,
tetangga

近所に 有名人が 住んで います。
きんじょ　ゆうめいじん　す

คนมีชื่อเสียงอาศัยอยู่แถวบ้าน
Orang yang terkenal tinggal di dekat rumah saya.

---

**70** □
周り
まわ

名 รอบ ๆ
sekitar

家の 周りに さくらの 木が あります。
いえ　まわ　　　　　き

มีต้นซากุระรอบ ๆ บ้าน
Di sekitar rumah saya ada pohon sakura.

---

**71** □
げんかん

名 โถงทางเข้าบ้าน
bagian rumah setelah
pintu masuk

げんかんに くつが たくさん あります。

มีรองเท้าหลายคู่อยู่ตรงโถงทางเข้าบ้าน
Ada banyak sepatu di bagian pintu masuk rumah.

---

**72** □
入り口 （入口）
い　ぐち　いりぐち

名 ทางเข้า
pintu masuk gedung

入り口で 部屋の 番号を 押して ください。
い　ぐち　へや　ばんごう　お

กรุณากดหมายเลขห้องตรงทางเข้า
Silakan tekan nomor kamar saya di pintu masuk gedung.

↔ 出口
でぐち

---

**73** □
（かぎを）かける

動 ล็อค/ใส่ (กุญแจ)
mengunci

出かける ときは かぎを かけて ください。
で

ตอนออกไปข้างนอกกรุณาล็อคกุญแจด้วย
Kuncilah pintu ketika keluar rumah!

---

**74** □
（かぎが）かかる

動 (กุญแจ) ล็อค
terkunci

げんかんの ドアは かぎが かかって います。

ประตูตรงโถงทางเข้าบ้านมีกุญแจล็อคอยู่
Pintu masuk rumah terkunci.

**75** □ かべ

名 **กำแพง**
dinding

部屋の かべ を 明るく したいです。
<small>へや</small> <small>あか</small>

อยากทำให้กำแพงห้องสว่างขึ้น
Saya ingin mengecat dinding dengan warna cerah.

**76** □ ろう下
<small>か</small>

名 **ทางเดิน**
lorong

この ろう下 の 右に トイレが あります。
<small>か</small> <small>みぎ</small>

ห้องน้ำอยู่ทางขวาของทางเดินนี้
Di selah kanan lorong ini ada toilet.

**77** □ 台所
<small>だいどころ</small>

名 **ห้องครัว**
dapur

うちの 台所 は 使いやすいです。
<small>だいどころ</small> <small>つか</small>

ห้องครัวที่บ้านใช้งานง่าย
Dapur kami mudah dipakai.

≡ キッチン

👍 อักษร K ในคำว่า อพาร์ตเมนท์ 1K หมายถึง ห้องครัว
Huruf K dalam apartemen ukuran 1K (1K アパート) artinya "kitchen, dapur."

**78** □ 水道
<small>すいどう</small>

名 **ประปา**
air keran

水道 の 水を 飲んでも だいじょうぶです。
<small>すいどう</small> <small>みず</small> <small>の</small>

ดื่มน้ำประปาได้
Air keran bisa langsung diminum.

**79** □ ガス

名 **แก๊ส**
gas

地震で ガス が 止まって しまいました。
<small>じしん</small> <small>と</small>

แก๊สตัดไปเพราะแผ่นดินไหว
Gas berhenti akibat gempa.

# 部屋
へ や

## ห้อง / Kamar

---

**80** □

和室
わ しつ

名 **ห้องแบบญี่ปุ่น**
**ruangan gaya Jepang**

私は 和室 が 好きです。
わたし わしつ す

ฉันชอบห้องแบบญี่ปุ่น
Saya suka ruangan gaya Jepang.

↔ 洋室
ようしつ

➕ 和服 เสื้อผ้าแบบญี่ปุ่น / pakaian gaya Jepang・和風 แบบญี่ปุ่น / ala Jepang
わ ふく わ ふう

👆 和 อ้างถึงสิ่งที่เป็นญี่ปุ่น / Huruf 和 menunjukkan sesuatu ala, gaya Jepang.

---

**81** □

たたみ

名 **เสื่อทาทามิ**
**alas ruangan gaya Jepang**

たたみの 部屋が ある アパートに 住みたいです。
へ や す

อยากอยู่อพาร์ตเมนท์ที่มีห้องแบบเสื่อทาทามิ
Saya ingin tinggal di kamar yang beralas *tatami*.

---

**82** □

押し入れ
お い

名 **ตู้เก็บของ**
**lemari penyimpanan**
**yang menempel di**
**dinding**

部屋に 押し入れが あると、便利です。
へ や お い べん り

ที่ห้องมีตู้เก็บของก็เลยสะดวกสบาย
Kamar menjadi praktis jika ada lemari penyimpanannya.

---

**83** □

ふとん

名 **ฟูก**
**kasur lipat**

私は ベッドより ふとんの ほうが 好きです。
わたし す

ฉันชอบฟูกมากกว่าเตียง
Saya lebih suka kasur lipat daripada tempat tidur.

---

**84** □

ガラス

名 **กระจก**
**kaca**

窓ガラスを きれいに しましょう。
まど

ทำกระจกหน้าต่างให้สะอาดกันเถอะ
Mari membersihkan kaca jendela.

---

**85** □

カーテン

名 **ผ้าม่าน**
**gorden**

明るい 色の カーテンを 買います。
あか いろ か

จะซื้อผ้าม่านสีสว่าง ๆ
Saya akan membeli gorden berwarna terang.

**86** すみ

部屋の <u>すみ</u> に つくえを 置いて います。

名 มุม
pojok

วางโต๊ะไว้ตรงมุมห้อง
Saya meletakkan meja di pojok kamar.

**87** 家具

私は 木の <u>家具</u>が 好きです。

名 เฟอร์นิเจอร์ เครื่องเรือน
perabot

ฉันชอบเฟอร์นิเจอร์ไม้
Saya suka perabot berbahan kayu.

**88** たな

<u>たな</u>には ＤＶＤが 置いて あります。

名 ชั้น หิ้ง
rak

ดีวีดีวางอยู่บนชั้น
Saya menaruh DVD di rak.

➕ 本だな ชั้นหนังสือ / rak buku

**89** 組み立てる

この ベッドは 自分で <u>組み立てて</u> ください。

動 ประกอบ ต่อ
merakit

กรุณาต่อเตียงนี้ด้วยตัวเอง
Silakan merakit tempat tidur ini sendiri.

➕ 組み立て式 พร้อมประกอบ / model rakit

**90** 引き出し

パスポートは つくえの <u>引き出し</u>の 中に あります。

名 ลิ้นชัก
laci

หนังสือเดินทางอยู่ในลิ้นชักโต๊ะ
Paspor ada di dalam laci meja.

**91** 片づける

友だちが 来るので、部屋を <u>片づけ</u>ました。

動 เก็บกวาด
merapikan,
membereskan

เก็บกวาดห้องเพราะเพื่อนจะมา
Saya merapikan kamar sebelum teman saya datang ke
rumah.

**92** 片づく

いつも 部屋が <u>片づいて</u> います。

動 เรียบร้อย เป็นระเบียบ
rapi

ห้องเรียบร้อยอยู่เสมอ
Kamarnya selalu rapi.

➕ 片づけ การเก็บกวาด / beres-beres ・

あと片づけ การจัดการ การสะสาง / beres-beres setelah selesai

## Section 4

**93** ☐ 整理 〈する〉
せいり

名 การควบคุม การจัดการ
mengatur

つくえの 上を きれいに 整理して ください。
うえ　　　　　　　せいり

ช่วยจัดการบนโต๊ะให้เรียบร้อยด้วย
Aturlah atas meja agar rapi.

➕ 整理せいとん การทิ้งของที่ไม่จำเป็นและการจัดวางให้เป็นระเบียบ / rapi teratur

**94** ☐ 動かす
うご

動 ย้าย เคลื่อน
menggerakkan,
memindahkan

みんなで 大きい テーブルを 動かします。
おお　　　　　　　　　うご

ทุกคนช่วยกันย้ายโต๊ะตัวใหญ่
Semuanya bersama-sama memindahkan meja yang besar.

**95** ☐ 動く
うご

動 เคลื่อนที่
bergerak

エレベーターが 動いて います。
うご

ลิฟต์กำลังเคลื่อนที่
Elevator bergerak.

**96** ☐ 花びん
か

名 แจกัน
vas bunga

家には 小さい 花びんしか ありません。
いえ　　ちい　　　か

ที่บ้านมีแต่แจกันใบเล็ก ๆ เท่านั้น
Di rumah hanya ada vas bunga kecil.

**97** ☐ カレンダー

名 ปฏิทิน
kalender

かわいい 猫の カレンダーを 買いました。
ねこ　　　　　　　　　か

ซื้อปฏิทินลายแมวน่ารัก ๆ มา
Saya membeli kalender kucing yang lucu.

**98** ☐ ポスター

名 โปสเตอร์
poster

犬の ポスターが ほしいです。
いぬ

อยากได้โปสเตอร์รูปสุนัข
Saya ingin poster anjing.

**99** ☐ かざる

動 ประดับ ตกแต่ง
menghiasi

げんかんに 花を かざりたいです。
はな

อยากประดับดอกไม้ตรงโถงทางเข้าบ้าน
Saya ingin menghiasi pintu masuk rumah dengan bunga.

**100** ☐ はる

動 ติด แปะ
menempelkan

れいぞう庫に メモを はって います。
こ

ติดโน้ตที่ตู้เย็น
Saya menempelkan catatan di kulkas.

## 101

(絵を) かける
え

げんかんに きれいな 絵を <u>かけ</u>ました。
え

動 แขวน (รูปภาพ)
menggantungkan
lukisan

แขวนรูปภาพสวย ๆ ตรงโถงทางเข้าบ้าน
Saya menggantungkan lukisan di pintu masuk rumah.

## 102

(カレンダーが)
かかる

きれいな カレンダーが <u>かかって</u> いますね。

動 (ปฏิทิน) แขวน
kalendernya
tergantung

มีปฏิทินสวย ๆ แขวนอยู่นะ
Tergantung kalender yang cantik.

## 103

(いすに) かける

この いすに <u>かけて</u>も いいですか。

動 นั่ง (ที่เก้าอี้)
duduk di kursi

นั่งที่เก้าอี้ตัวนี้ได้ไหม
Bolehkah duduk di kursi ini?

➕ 座る นั่ง / duduk
すわ

☞ คำว่า かける ใช้กับเก้าอี้เท่านั้น ส่วนคำว่า 座る ใช้กับเก้าอี้ หญ้า หรือพื้นก็ได้
かける adalah istilah duduk hanya untuk kursi, sedangkan 座る adalah istilah
duduk yang bisa dipakai untuk kursi, rumput, atau lantai.

## 104

暖房
だんぼう

今日は 寒いので、暖房を つけましょう。
きょう  さむ       だんぼう

名 เครื่องทำความร้อน
penghangat ruangan

วันนี้อากาศหนาว เปิดเครื่องทำความร้อนกันเถอะ
Karena hari ini dingin, mari kita nyalakan penghangat
ruangan.

↔ 冷房 ➕ エアコン เครื่องปรับอากาศ / AC
れいぼう

## 105

上げる
あ

ちょっと エアコンの 温度を <u>上げて</u> ください。
おんど     あ

動 ยก เพิ่มขึ้น
menaikkan

ช่วยเพิ่มอุณหภูมิเครื่องปรับอากาศขึ้นหน่อย
Tolong naikkan suhu AC sedikit.

↔ 下げる
さ

## 106

電源
でんげん

この 部屋は 電源が 少なくて、不便です。
へや   でんげん  すく    ふべん

名 ปลั๊กไฟ
sumber tenaga listrik,
soket listrik

ห้องนี้ปลั๊กไฟน้อย ไม่สะดวกเลย
Di kamar ini soket listriknya sedikit jadi repot.

**107** □ (電気を)つける
でんき

部屋が 暗いので、電気を <u>つけ</u>ましょう。
へ や　くら　　　　　　でんき

動 เปิด (ไฟ)
menyalakan lampu

ห้องมืด เปิดไฟเถอะ
Karena kamar gelap, mari menyalakan lampu.

**108** □ (テレビが) つく

ここを 押すと、テレビが <u>つき</u>ます。
お

動 (โทรทัศน์) เปิด ติด
menyetel televisi

พอกดตรงนี้ ทีวีจะเปิด
Jika dipencet di sini, televisi akan menyala.

**109** □ 消す
け

教室を 出るときは 電気を <u>消して</u> ください。
きょうしつ　で　　　　　でんき　　け

動 ปิด (ไฟ)
memadamkan

ตอนออกจากห้องเรียน กรุณาปิดไฟด้วย
Padamkan lampu saat keluar ruangan!

**110** □ 消える
き

電気が <u>消えて</u> いるので、田中さんは
でんき　き　　　　　　　　た なか
部屋に いないでしょう。
へ や

動 (ไฟ) ปิด
padam

คุณทานากะคงไม่ได้อยู่ในห้อง เพราะไฟปิดอยู่
Karena lampunya padam, sepertinya Tanaka-san tidak
ada di kamar.

# Section 5

## 朝から 夜まで
あさ　　　よる

จากเช้าจรดค่ำ / Dari Pagi sampai Malam

---

**111**
□
起きる
お

動 ตื่นนอน
bangun

休みの 日は お昼ごろ 起きます。
やす　　ひ　　　ひる　　　お

วันหยุดจะตื่นนอนราว ๆ เที่ยง
Pada hari libur, saya bangun siang.

---

**112**
□
起こす
お

動 ปลุก
membangunkan

毎朝、母が 私を 起こして くれます。
まいあさ　はは　わたし　　お

แม่จะช่วยปลุกฉันทุกเช้า
Setiap pagi ibu membangunkan saya.

---

**113**
□
早起き 〈する〉
はや お

名 การตื่นเช้า
bangun pagi

毎日、早起きして います。
まいにち　はや お

ตื่นเช้าทุกวัน
Setiap hari saya bangun pagi.

---

**114**
□
ねぼう 〈する〉

名 การตื่นสาย
bangun kesiangan

お酒を 飲みすぎて、ねぼうしました。
さけ　の

ดื่มเหล้าเยอะไปหน่อย เลยตื่นสาย
Karena terlalu banyak minum sake, saya bangun
kesiangan.

＝朝ねぼう 〈する〉
あさ

---

**115**
□
みがく

動 แปรง ขัด
menggosok

1日 3回、歯を みがきましょう。
にち　かい　は

แปรงฟันวันละ 3 ครั้งกันเถอะ
Mari menggosok gigi tiga kali sehari.

＋歯みがき 〈する〉 การแปรงฟัน / menggosok gigi
は

---

**116**
□
ケータイ

名 (โทรศัพท์) มือถือ
telepon genggam

朝、ケータイを バッグに 入れます。
あさ　　　　　　　　　い

ตอนเช้าจะเอามือถือใส่กระเป๋า
Pagi hari, memasukkan telepon seluler ke dalam tas.

＝携帯電話
けいたいでん わ

＋スマホ (スマートフォン) สมาร์ทโฟน / smartphone, telepon pintar

---

---

**117** 鳴る
な

ケータイが 大きな 音で 鳴って います。
おお　　おと　　な

動 ส่งเสียง ดัง
berbunyi

มือถือส่งเสียงดังสนั่น
Telepon genggam berbunyi keras.

👍 คำว่า 鳴く ใช้กับสัตว์ / 鳴く digunakan untuk binatang.

---

**118** ごみ

ごみは ごみ箱に 入れましょう。
ばこ　　い

名 ขยะ
sampah

ทิ้งขยะลงในถังกันเถอะ
Mari membuang sampah di tempat sampah.

➕ ごみ箱 ถังขยะ / tempat sampah ・ 生ごみ ขยะเปียก / sampah basah organik
ばこ　　　　　　　　　　　　　　　　　　なま

---

**119** びん

この びんに 何が 入って いますか。
なに　はい

名 ขวด
botol kaca

อะไรใส่ไว้ในขวดนี้เหรอ
Ada apa di dalam botol kaca ini?

---

**120** カン

カンは 月曜日に 出して ください。
げつようび　だ

名 กระป๋อง
kaleng

กรุณาทิ้งกระป๋องในวันจันทร์
Buanglah kaleng pada hari Senin!

---

**121** ペットボトル

いつも お茶の ペットボトルを 持って います。
ちゃ　　　　　　　　　　　も

名 ขวดพลาสติก
botol plastik minuman

พกขวดพลาสติกใส่น้ำชาไว้เสมอ
Saya selalu membawa minuman teh dalam botol.

---

**122** リサイクル

コートを リサイクルに 出しました。
だ

名 รีไซเคิล การนำกลับ
มาใช้ใหม่
daur ulang

เอาเสื้อโค้ทมารีไซเคิล
Saya menjual jaket tebal untuk daur ulang.

➕ リサイクルショップ ร้านรีไซเคิล ร้านมือสอง / toko barang bekas

---

**123** 出す
だ

けさ、ごみを 出すのを わすれました。
だ

動 เอาออกมา ยื่น ส่ง
mengeluarkan

เมื่อเข้านี้ลืมเอาขยะออกมา (ทิ้ง)
Saya lupa mengeluarkan sampah tadi pagi.

---

**124** 出る
で

10 時に バスが 出ます。
じゅう じ　　　　で

動 ออก
berangkat

รถบัสจะออกตอน 10 โมง
Bus berangkat jam 10.

**125** もえる

動 | เผาได้
terbakar

火曜日と 金曜日は <u>もえる</u> ごみの 日です。
か よう び　きんよう び

วันอังคารกับวันศุกร์เป็นวันสำหรับ (ทิ้ง) ขยะเผาได้
Hari Selasa dan Jumat adalah hari sampah yang bisa terbakar.

➕ もえないごみ ขยะเผาไม่ได้ / sampah tidak bisa terbakar

**126** せっけん

名 | สบู่
sabun

<u>せっけん</u>で 手を 洗いましょう。
て　あら

ล้างมือด้วยสบู่กันเถอะ
Mari mencuci tangan dengan sabun.

**127** シャンプー 〈する〉

名 | แชมพู
sampo keramas

この <u>シャンプー</u>は とても 安いです。
やす

แชมพูนี้ถูกมาก
Sampo ini sangat murah.

➕ リンス ครีมนวดผม / vitamin rambut ・

コンディショナー ครีมนวดผม / kondisioner rambut

**128** せんたく機
き

名 | เครื่องซักผ้า
mesin cuci

うちの <u>せんたく機</u>は 音が うるさいです。
き　おと

เครื่องซักผ้าที่บ้านเสียงดัง
Suara mesin cuci di rumah saya berisik.

➕ コピー機 เครื่องถ่ายเอกสาร / mesin fotokopi
き

**129** せんたく物
もの

名 | เสื้อผ้าที่จะซัก
cucian

<u>せんたく物</u>を 片づけてから 出かけます。
もの　かた　で

จัดการเสื้อผ้าที่จะซักแล้วค่อยออกไปข้างนอก
Saya bepergian setelah membereskan cucian.

**130** クリーニング

名 | การซักรีด ร้านซักรีด
penatu

スーツを <u>クリーニング</u>に 出します。
だ

ส่งสูทไปที่ร้านซักรีด
Saya mencucikan jas ke penatu.

**131** タオル

名 | ผ้าขนหนู
handuk

トイレで ピンクの <u>タオル</u>を 使っています。
つか

ใช้ผ้าขนหนูสีชมพูในห้องน้ำ
Saya memakai handuk warna merah muda di toilet.

➕ バスタオル ผ้าเช็ดตัว / handuk mandi ・

スポーツタオル ผ้าขนหนูสำหรับออกกำลังกาย / handuk olahraga

**132** かわかす

げんかんで かさを かわかして います。

動 ตาก ทำให้แห้ง
mengeringkan

ตากร่มไว้ตรงโถงทางเข้าบ้าน
Saya mengeringkan payung di pintu masuk rumah.

**133** (タオルが)かわく

天気が いいので、もう タオルが かわきました。
てんき

動 (ผ้าขนหนู) แห้ง
handuknya kering

อากาศดี ผ้าขนหนูเลยแห้งแล้ว
Karena cuaca cerah, handuknya sudah kering.

**134** えさ

毎日、弟が 犬に えさを やって います。
まいにち おとうと いぬ

名 อาหาร (สัตว์)
pakan binatang

น้องชายให้อาหารสุนัขทุกวัน
Setiap hari adik laki-laki saya memberi pakan anjing.

**135** 世話〈する〉
せ わ

犬を 世話するのは とても 楽しいです。
いぬ せ わ たの

名 การดูแล
merawat

การดูแลสุนัขสนุกมาก
Merawat anjing sangat menyenangkan.

➕ 世話になる ได้รับความช่วยเหลือ / merepotkan,
せ わ
menerima kebaikan orang lain, berhutang budi

**136** るす

平日の 昼間は るすが 多いです。
へいじつ ひるま おお

名 ไม่อยู่บ้าน
tidak ada di rumah

ช่วงกลางวันวันธรรมดามักจะไม่อยู่บ้าน
Siang hari di hari kerja sering tidak ada di rumah.

**137** 宅配便
たくはいびん

るすの 間に 宅配便が 来たようです。
あいだ たくはいびん き

名 บริการส่งถึงบ้าน
layanan antar barang
ke rumah

ดูเหมือนว่าบริการส่งถึงบ้านจะมาตอนที่ไม่อยู่บ้าน
Sepertinya barang yang diantar ke rumah datang ketika
saya tidak di rumah.

**138** とどく

国から 手紙が とどきました。
くに てがみ

動 (ส่ง) ถึง
sampai

จดหมายจากประเทศบ้านเกิดถึงแล้ว
Surat dari negara saya sudah sampai.

**139** とどける

荷物を とどけて もらいました。
にもつ

動 ส่ง
mengantarkan

ขอให้ช่วยส่งของให้
Barangnya sudah diantar.

**140** 日記
にっき
名 บันทึกประจำวัน ไดอารี่
catatan harian

小学生の ときから 日記を つけて います。
しょうがくせい　　　　　にっき

เขียนบันทึกมาตั้งแต่สมัยเป็นนักเรียนประถม
Saya menulis catatan harian sejak Sekolah Dasar.

☞ 日記をつける ใช้ในความหมายว่า "เขียนบันทึก" บ่อยกว่า 日記を書く
日記をつける artinya menulis catatan harian dan lebih sering digunakan daripada frasa 日記を書く.

**141** ねむる
動 นอนหลับ
terlelap

たくさん 運動すると、よく ねむれます。
うんどう

พอออกกำลังกายมาก ๆ ก็จะนอนหลับสบาย
Sering berolahraga membuat tidur lelap.

**142** 生活〈する〉
せいかつ
名 การใช้ชีวิต
Kehidupan

日本の 生活は たいへんですが、
にほん　せいかつ
とても 楽しいです。
たの

การใช้ชีวิตในญี่ปุ่นลำบาก แต่ก็สนุกมาก
Kehidupan di Jepang berat tapi sangat menyenangkan.

**143** 暮らす
く
動 อาศัย
hidup

ずっと 日本で 暮らしたいと 思って います。
にほん　く　　　　おも

คิดว่าอยากจะอาศัยที่ญี่ปุ่นตลอดไป
Saya ingin hidup di Jepang selamanya.

➕ 暮らし การดำเนินชีวิต / kehidupan
く

**144** 習慣
しゅうかん
名 ธรรมเนียม
การทำจนเป็นนิสัย
kebiasaan

毎朝、りんごジュースを 飲むのが 習慣です。
まいあさ　　　　　　の　　　しゅうかん

ติดนิสัยดื่มน้ำแอปเปิลทุกเช้า
Setiap pagi, kebiasaan saya adalah minum jus apel.

➕ 生活習慣 รูปแบบการใช้ชีวิต / kebiasaan hidup
せいかつしゅうかん

# N4
# Chapter

# 2

# 勉強と 仕事
べんきょう　　しごと
การเรียนและการทำงาน
Pelajaran dan Pekerjaan

| | | | 単語 No.<br>たんご |
|---|---|---|---|
| **1** | **学校**<br>がっこう | โรงเรียน / Sekolah | **145 ～ 183** |
| **2** | **大学**<br>だいがく | มหาวิทยาลัย / Universitas | **184 ～ 207** |
| **3** | **勉強**<br>べんきょう | การเรียน / Pelajaran | **208 ～ 227** |
| **4** | **仕事①**<br>しごと | การทำงาน ① / Pekerjaan ① | **228 ～ 252** |
| **5** | **仕事②**<br>しごと | การทำงาน ② / Pekerjaan ② | **253 ～ 277** |

# Section 1

## 学校
### がっこう

โรงเรียน / Sekolah

---

**145**
小学校
しょうがっこう

名 **โรงเรียนประถมศึกษา**
**Sekolah Dasar**

日本の 小学校 は 1 年生から 6 年生までです。
にほん　　しょうがっこう　　ねんせい　　　　ねんせい

โรงเรียนประถมของญี่ปุ่นจะเริ่มจาก ป.1 ถึง ป.6
Sekolah Dasar di Jepang dari kelas 1 sampai kelas 6.

➕ 小学生 นักเรียนประถม / Murid Sekolah Dasar
しょうがくせい

---

**146**
中学校
ちゅうがっこう

名 **โรงเรียนมัธยมศึกษา
ตอนต้น**
**Sekolah Menengah
Pertama**

山下さんは 中学校 で フランス語を 勉強しました。
やました　　ちゅうがっこう　　　　　　　　ご　べんきょう

คุณยามาชิตะเรียนภาษาฝรั่งเศสที่โรงเรียนมัธยมต้น
Yamashita-san belajar bahasa Perancis di Sekolah
Menengah Pertama.

➕ 中学生 นักเรียนมัธยมต้น / Murid Sekolah Menengah Pertama
ちゅうがくせい

---

**147**
高校
こうこう

名 **โรงเรียนมัธยมศึกษา
ตอนปลาย**
**Sekolah Menengah Atas**

今でも 高校 の 友だちと 会います。
いま　　こうこう　　とも　　　あ

จนกระทั่งเดี๋ยวนี้ก็ยังเจอเพื่อนสมัยโรงเรียนมัธยม
ปลายอยู่
Sekarang pun saya bertemu dengan teman Sekolah
Menengah Atas.

➕ 高校生 นักเรียนมัธยมปลาย / Murid Sekolah Menengah Atas
こうこうせい

---

**148**
ようち園
えん

名 **โรงเรียนอนุบาล**
**Taman Kanak-kanak**

ようち園 から 子どもたちの 声が 聞こえます。
えん　　　　こ　　　　　　こえ　き

ได้ยินเสียงเด็ก ๆ มาจากโรงเรียนอนุบาล
Terdengar suara anak-anak dari Taman Kanak-kanak.

➕ 保育園 โรงเรียนเตรียมอนุบาล เนิร์สเซอรี่ / Tempat Penitipan Anak
ほいくえん

---

**149**
専門学校
せんもんがっこう

名 **โรงเรียนวิชาชีพ**
**Sekolah Kejuruan**

音楽の 専門学校 に 入学します。
おんがく　　せんもんがっこう　　にゅうがく

จะเข้าโรงเรียนวิชาชีพสายดนตรี
Saya masuk Sekolah Kejuruan Musik.

---

## 150 入学 〈する〉
にゅうがく

妹が 中学校に 入学します。
いもうと　　ちゅうがっこう　　にゅうがく

**名** การเข้าเรียน
(ในโรงเรียนหรือ
มหาวิทยาลัย)
masuk sekolah

น้องสาวจะเข้าโรงเรียนมัธยมต้น
Adik saya masuk Sekolah Menengah Pertama.

➕ (学校に)入る เข้า (โรงเรียน) / masuk sekolah・入学式 พิธีปฐมนิเทศ /
がっこう　はい　　　　　　　　　　　　　　　　　　　　にゅうがくしき
upacara penerimaan murid baru・新入生 นักศึกษาใหม่ / murid baru
しんにゅうせい

## 151 卒業 〈する〉
そつぎょう

父は 3 0 年前、この高校を 卒業しました。
ちち　さんじゅうねんまえ　　　こうこう　　そつぎょう

**名** การสำเร็จการศึกษา
lulus sekolah

พ่อจบจากโรงเรียนมัธยมปลายแห่งนี้เมื่อ 30 ปี ก่อน
Ayah saya lulus dari Sekolah Menengah Atas ini 30
tahun yang lalu.

➕ (学校を)出る จบจาก (โรงเรียน) / lulus sekolah・卒業式 พิธีสำเร็จการศึกษา /
がっこう　で　　　　　　　　　　　　　　　　　　　　　そつぎょうしき
upacara kelulusan, upacara wisuda・卒業生 ศิษย์เก่า / lulusan, wisudawan
そつぎょうせい

## 152 教育 〈する〉
きょういく

子どもの 教育は とても 大切です。
こ　　　　きょういく　　　　　たいせつ

**名** การศึกษา
mendidik

การศึกษาของเด็กสำคัญมาก
Pendidikan anak sangat penting.

➕ 教育学部 คณะศึกษาศาสตร์ / Fakultas Pendidikan
きょういくがくぶ

## 153 生徒
せいと

この 学校の 生徒は 何人ですか。
がっこう　せいと　なんにん

**名** นักเรียน
murid

นักเรียนโรงเรียนนี้มีกี่คน
Murid sekolah ini berapa orang?

## 154 授業
じゅぎょう

今日は 4時まで 授業が あります。
きょう　　じ　　　じゅぎょう

**名** ชั่วโมงเรียน
pelajaran

วันนี้มีชั่วโมงเรียนถึง 4 โมง
Hari ini ada pelajaran sampai jam 4.

## 155 始まる
はじ

4月に 学校が 始まります。
がつ　がっこう　はじ

**動** ...เริ่ม ...เปิด
mulai

โรงเรียนเปิดเดือนเมษายน
Sekolah mulai bulan April.

## 156 始める
はじ

今日の 勉強を 始めましょう。
きょう　べんきょう　はじ

**動** เริ่ม...
memulai

เริ่มการเรียนของวันนี้กันเถอะ
Mari kita mulai pelajaran hari ini.

**157**
質問 〈する〉
しつもん

質問を よく 読んで ください。
しつもん　　　　　　　よ

名　カำถาม
bertanya

กรุณาอ่านคำถามให้ดี
Bacalah pertanyaan dengan baik!

**158**
答える
こた

先生の 質問に 答え ます。
せんせい　しつもん　こた

動　ตอบ
menjawab

ตอบคำถามของอาจารย์
Menjawab pertanyaan guru.

➕ 答え คำตอบ / jawaban・解答 คำตอบ เฉลย / jawaban
こた　　　　　　　　　　　　　かいとう

👉 答え ใช้ในความหมายว่า "การโต้ตอบ" ได้ แต่ 解答 จะใช้เฉพาะการตอบคำถาม
หรือการแก้ปัญหาเท่านั้น / 答え bisa juga berarti jawaban atau balasan, sedangkan
解答 hanya digunakan untuk jawaban dari sebuah soal/pertanyaan.

**159**
数学
すうがく

英語は 好きですが、数学は きらいです。
えいご　　す　　　　　　　すうがく

名　คณิตศาสตร์
matematika

ชอบภาษาอังกฤษ แต่เกลียดคณิตศาสตร์
Saya suka (pelajaran) bahasa Inggris, tetapi benci
matematika.

**160**
歴史
れきし

世界の 歴史を もっと 勉強したいです。
せかい　れきし　　　　　　べんきょう

名　ประวัติศาสตร์
sejarah

อยากเรียนรู้ประวัติศาสตร์โลกให้มากขึ้น
Saya ingin lebih belajar sejarah dunia.

➕ 日本史 ประวัติศาสตร์ญี่ปุ่น / sejarah Jepang・世界史 ประวัติศาสตร์โลก / sejarah dunia
にほんし　　　　　　　　　　　　　　　　せかいし

**161**
地理
ちり

子どもの ころから 地理が 大好きでした。
こ　　　　　　　　　ちり　　だいす

名　ภูมิศาสตร์
geografi

ชอบภูมิศาสตร์มากมาตั้งแต่เด็ก ๆ
Saya suka geografi sejak kecil.

➕ 世界地図 แผนที่โลก / peta dunia
せかいちず

**162**
テキスト

この テキストは 明日 使います。
あした　つか

名　ตำราเรียน
buku teks

พรุ่งนี้จะใช้ตำราเรียนเล่มนี้
Buku teks ini besok dipakai.

🟰 教科書
きょうかしょ

**163**
開く
ひら

教科書の 60 ページを 開いて ください。
きょうかしょ　ろくじゅっ　　　ひら

動　เปิด
membuka

กรุณาเปิดหนังสือเรียนหน้า 60
Bukalah buku pelajaran halaman 60!

(⟷) 閉じる
と

---

**164**
☐

プリント

これは 今日の 授業の プリント です。
きょう　じゅぎょう

名 **เอกสารประกอบ**
**การเรียนการสอน**
**lembar cetakan**

นี่เป็นเอกสารประกอบการเรียนการสอนของ
ชั่วโมงเรียนวันนี้
Ini adalah lembar cetakan materi hari ini.

---

**165**
☐

おもて

プリントの おもて を 見て ください。
み

名 **ด้านหน้า หน้าปก**
**halaman muka**

กรุณาดูหน้าปกของเอกสารประกอบการเรียน การสอน
Lihat halaman muka lembar cetakan!

(⟷) うら

---

**166**
☐

テスト

今日の テスト は とても むずかしかったです。
きょう

名 **การสอบ**
**tes**

การสอบวันนี้ยากมาก
Tes hari ini sangat sulit.

(+) 試験 การสอบ / ujian・入学試験 การสอบเข้าเรียน / ujian masuk・
　　　　　　　　　　にゅうがくしけん
大学入試 การสอบเข้ามหาวิทยาลัย / ujian masuk perguruan tinggi
だいがくにゅうし

---

**167**
☐

通う
かよ

毎日、バスで 学校に 通って います。
まいにち　　　　　がっこう　かよ

動 **ไป มา**
**pulang-pergi**

ไปโรงเรียนด้วยรถบัสทุกวัน
Saya pulang-pergi naik bus ke sekolah setiap hari.

---

**168**
☐

せいせき

せいせき が 悪くて、母に しかられました。
わる　　　はは

名 **ผลการเรียน เกรด**
**nilai**

เกรดแย่มาก ก็เลยโดนแม่ดุ
Saya dimarahi ibu karena nilai saya jelek.

---

**169**
☐

点
てん

きのうの テストの 点 は よくなかったです。
てん

名 **คะแนน**
**skor**

คะแนนสอบเมื่อวานนี้ไม่ดีเลย
Tes kemarin jumlah skornya membaik.

(+) 満点 คะแนนเต็ม / skor maksimal, skor sempurna・点数 คะแนน / jumlah skor
　　まんてん　　　　　　　　　　　　　　　　　　　　　てんすう

---

**170**
☐

まる

テストで まる を たくさん もらいました。

名 **วงกลม เครื่องหมายถูก**
**lingkaran (tanda benar)**

ได้เครื่องหมายถูกในข้อสอบเยอะเลย
Banyak mendapat tanda lingkaran dalam tes.

(⟷) ばつ

**171 作文**
さくぶん

名 เรียงความ
karangan

自分の 国について 作文を 書きましょう。
じぶん くに さくぶん か

เขียนเรียงความเกี่ยวกับประเทศของตัวเองกันเถอะ
Mari menulis karangan tentang negara sendiri.

➕ 文 การเขียน / kalimat
ぶん

**172 (勉強が)できる**
べんきょう

動 (เรียน) เก่ง
berhasil belajar

弟は 勉強が よく できます。
おとうと べんきょう

น้องชายเรียนเก่ง
Adik laki-laki saya berhasil belajar dengan baik.

**173 易しい**
やさ

イ形 ง่าย
mudah

きのうの テストは とても 易しかったです。
やさ

การสอบเมื่อวานนี้ง่ายมาก
Tes kemarin sangat mudah.

**174 かんたんな**

ナ形 ง่าย ไม่ซับซ้อน
gampang

この テストは とても かんたんです。

การสอบครั้งนี้ง่ายมาก
Tes ini sangat gampang.

**175 まちがえる**

動 ทำผิด
keliru

やさしい 問題を まちがえて しまいました。
もんだい

ทำโจทย์ข้อง่าย ๆ ผิดซะได้
Saya melakukan kekeliruan pada soal yang mudah.

➕ (～を)まちがう ทำ (บางสิ่งบางอย่าง) ผิด / melakukan kekeliruan・
まちがい ความผิด ข้อผิดพลาด / kekeliruan

**176 チェック〈する〉**

名 การตรวจสอบ
mengecek

作文を 日本人の 友だちに チェックして
さくぶん にほんじん とも
もらいました。

ให้เพื่อนชาวญี่ปุ่นตรวจเรียงความให้
Karangan saya dicek oleh teman saya orang Jepang.

**177 熱心な**
ねっしん

ナ形 ตั้งใจ จริงจัง
antusias

田中先生は とても 熱心です。
た なかせんせい ねっしん

อาจารย์ทานากะตั้งใจมาก
Pak/Ibu Guru Tanaka sangat antusias.

**178 やさしい**

イ形 ใจดี
baik hati

山田先生は とても やさしいです。
やまだ せんせい

อาจารย์ยามาดะใจดีมาก
Pak/Ibu Guru Yamada sangat baik hati.

**179** **イ形**
きびしい

เข้มงวด
tegas

木村先生は ときどき きびしいです。
きむらせんせい

อาจารย์คิมุระเข้มงวดเป็นบางครั้ง
Pak/Ibu Guru Kimura sangat tegas.

**180** **ナ形**
まじめな

จริงจัง
serius

彼は とても まじめな 学生です。
かれ　　　　　　　　　　　　がくせい

เขาเป็นนักเรียนที่จริงจังมาก
Dia adalah siswa yang sangat serius.

**181** **イ形**
えらい

ใหญ่โต มีเกียรติ
terhormat

A 国の えらい 人が 日本へ 来ます。
エーこく　　　　　ひと　にほん　き

คนใหญ่คนโตจากประเทศ A จะมาญี่ปุ่น
Orang yang sangat terhormat di negara A datang ke
Jepang.

**182** **名**
せつび

อุปกรณ์
fasilitas

この 学校の せつびは 新しいです。
がっこう　　　　　　あたら

อุปกรณ์ของโรงเรียนนี้ใหม่เอี่ยม
Fasilitas sekolah ini baru.

**183** **名**
ベル

กระดิ่ง ออด
lonceng

12 時半に ベルが 鳴ります 。
じはん　　　　　　な

ออดดังตอน 12.30 น.
Lonceng berbunyi jam 12:30.

# 大学
だいがく

## มหาวิทยาลัย / Universitas

---

**184**
☐

大学生
だいがくせい

早く <u>大学生</u>に なりたいです。
はや　　だいがくせい

名　**นักศึกษามหาวิทยาลัย**
**mahasiswa**

อยากเป็นนักศึกษาเร็ว ๆ
Saya ingin cepat-cepat menjadi mahasiswa.

➕ 女子大生 นักศึกษามหาวิทยาลัยสตรี / mahasiswi universitas khusus perempuan ・
じょしだいせい

大学院生 นักศึกษาปริญญาโท / mahasiswa pasca sarjana
だいがくいんせい

---

**185**
☐

受ける
う

日本の 大学を <u>受け</u>たいです。
にほん　だいがく　う

動　**สมัคร**
**mengikuti ujian**

อยากสมัครเข้ามหาวิทยาลัยของญี่ปุ่น
Saya ingin mengikuti (ujian masuk) universitas di Jepang.

---

**186**
☐

受かる
う

行きたかった 大学に <u>受かり</u>ました。
い　　　　　だいがく　う

動　**(สอบ) ผ่าน**
**lulus (ujian)**

สอบผ่านมหาวิทยาลัยที่อยากจะเข้าแล้ว
Saya lulus (ujian masuk) universitas yang saya idamkan.

🟰 合格する
ごうかく

---

**187**
☐

留学 〈する〉
りゅうがく

デザインの 勉強のために <u>留学</u>しました。
べんきょう　　　　　りゅうがく

名　**การไปศึกษาต่อ**
**ต่างประเทศ**
**belajar di luar negeri**

ไปเรียนต่อต่างประเทศเพื่อเรียนการออกแบบ
Saya belajar di luar negeri untuk mempelajari (ilmu)
desain.

➕ 留学生 นักเรียนชาวต่างชาติ / pelajar asing
りゅうがくせい

---

**188**
☐

目的
もくてき

留学する <u>目的</u>は 何ですか。
りゅうがく　もくてき　なん

名　**เป้าหมาย วัตถุประสงค์**
**tujuan**

เป้าหมายการไปเรียนต่อต่างประเทศคืออะไร
Apa tujuan Anda belajar di luar negeri?

## 189 ゆめ

名 **ความฝัน**
**mimpi/cita-cita**

① 私の ゆめは 世界旅行です。
　わたし　　　　　せかいりょこう
② ゆめの 中で 大好きな スターに 会いました。
　　　　なか　　だいす　　　　　　　　あ

① ความฝันของฉันคือการเที่ยวรอบโลก
② เจอดาราที่ชื่นชอบมากในฝัน
① Cita-cita saya adalah berwisata ke seluruh dunia.
② Saya bertemu dengan selebritis yang sangat saya
　 sukai.

☞ ① ความปรารถนาอันแรงกล้า ② ภาพที่เห็นเวลานอนหลับ
　 ① Keinginan yang kuat ② mimpi ketika tidur

## 190 学部
　　　がくぶ

名 **คณะ**
**fakultas**

どの 学部に 行くか まだ わかりません。
　　　がくぶ　　い

ยังไม่รู้ว่าจะเข้าคณะไหน
Saya belum tahu ingin masuk ke fakultas apa.

➕ 医学部 คณะแพทยศาสตร์ / Fakultas Kedokteran ・
　 いがくぶ
　 工学部 คณะวิศวกรรมศาสตร์ / Fakultas Teknik
　 こうがくぶ

## 191 専門
　　　せんもん

名 **ความเชี่ยวชาญ**
**เฉพาะด้าน วิชาเอก**
**Bidang keahlian**

私の 専門は 教育学です。
わたし　せんもん　きょういくがく

วิชาเอกของฉันคือศึกษาศาสตร์
Bidang keahlian saya adalah ilmu pendidikan.

## 192 科学
　　　かがく

名 **วิทยาศาสตร์**
**ilmu pengetahuan alam**

子どものときから 科学が 好きでした。
こ　　　　　　　　かがく　す

ชอบวิทยาศาสตร์มาตั้งแต่เด็ก ๆ
Saya suka ilmu pengetahuan alam sejak anak-anak.

➕ 化学 เคมี / ilmu kimia
　 かがく

## 193 医学
　　　いがく

名 **แพทยศาสตร์**
**ilmu kedokteran**

医者になるために 医学部に 入りました。
いしゃ　　　　　　　いがくぶ　　はい

เข้าคณะแพทยศาสตร์เพื่อจะเป็นหมอ
Saya masuk fakultas kedokteran untuk menjadi dokter.

➕ 医科大学 มหาวิทยาลัยทางการแพทย์ / Universitas kedokteran
　 いかだいがく

## 194 文学
　　　ぶんがく

名 **วรรณคดี**
**ilmu sastra**

フランスの 文学を 勉強して います。
　　　　　　ぶんがく　べんきょう

เรียนวรรณคดีของฝรั่งเศสอยู่
Saya belajar sastra Perancis.

➕ 日本文学 วรรณคดีญี่ปุ่น / sastra Jepang ・ 文学部 คณะอักษรศาสตร์ / Fakultas sastra
　 にほんぶんがく　　　　　　　　　　　　　　　　　ぶんがくぶ

**195**
☐

ほうりつ

大学で <u>ほうりつ</u> を 勉強して います。
だいがく　　　　　　　　　　べんきょう

名 **กฎหมาย**
**hukum**

เรียนกฎหมายที่มหาวิทยาลัย
Saya belajar hukum di univeritas.

**196**
☐

こうぎ 〈する〉

山下先生の <u>こうぎ</u> は わかりやすいです。
やましたせんせい

名 **การบรรยาย**
**memberikan kuliah**

การบรรยายของอาจารย์ยามาชิตะเข้าใจง่าย
Kuliah Pak/Ibu Yamashita mudah dipahami.

**197**
☐

出席 〈する〉
しゅっせき

毎日、大学の 授業に <u>出席して</u> います。
まいにち　だいがく　じゅぎょう　しゅっせき

名 **การเข้าเรียน**
**hadir**

เข้าเรียนในชั่วโมงเรียนของมหาวิทยาลัยทุกวัน
Saya selalu hadir kuliah di kampus setiap hari.

**198**
☐

欠席 〈する〉
けっせき

かぜで 授業を <u>欠席</u> しました。
じゅぎょう　けっせき

名 **การขาดเรียน**
**absen**

ขาดเรียนเพราะเป็นหวัด
Saya absen kuliah karena masuk angin.

**199**
☐

レポート

英語で <u>レポート</u> を 書かなければ なりません。
えいご　　　　　　　　　　か

名 **รายงาน**
**laporan**

ต้องเขียนรายงานเป็นภาษาอังกฤษ
Saya harus menulis laporan dengan bahasa Inggris.

**200**
☐

論文
ろんぶん

来週までに <u>論文</u> を 出してください。
らいしゅう　　　ろんぶん　だ

名 **วิทยานิพนธ์**
**karya ilmiah, skripsi**

กรุณาส่งวิทยานิพนธ์ภายในสัปดาห์หน้า
Kumpulkan skripsi paling lambat pekan depan!

➕ 卒業論文 ปริญญานิพนธ์ / skripsi sarjana
そつぎょうろんぶん

**201**
☐

しめ切り
き

レポートの <u>しめ切り</u> は 明日です。
き　　　　あした

名 **วันหมดเขต**
**tenggat waktu**

วันหมดเขตของรายงานคือวันพรุ่งนี้
Tenggat waktu laporan adalah besok.

➕ しめ切る ปิด (รับสมัคร) ปิด (อย่างแน่นหนา) / menutup, mengakhiri
き

**202**
☐

研究 〈する〉
けんきゅう

大学院で 数学を <u>研究し</u> たいです。
だいがくいん　すうがく　けんきゅう

名 **การวิจัย**
**meneliti**

อยากวิจัยด้านคณิตศาสตร์ในบัณฑิตวิทยาลัย
Saya ingin meneliti matematika di pasca sarjana.

➕ 研究所 ศูนย์วิจัย / lembaga penelitian・研究者 นักวิจัย / peneliti・
けんきゅうじょ　　　　　　　　　　　　　　　　　　　　けんきゅうしゃ
研究室 ห้องวิจัย / ruang penelitian/laboratorium
けんきゅうしつ

---

**203**
☐

実験 〈する〉
じっけん

実験は たいへんですが、おもしろいです。
じっけん

名 **การทดลอง**
**mengujicoba**

การทดลองลำบากแต่สนุก
Ujicoba sangat berat tetapi menarik.

---

**204**
☐

まとめる

週末までに 研究を まとめます。
しゅうまつ　　　けんきゅう

動 **สรุปผล**
**menyimpulkan**

จะสรุปการวิจัยภายในสุดสัปดาห์นี้
Saya akan menyimpulkan penelitian hingga akhir pekan.

➕ (〜が) まとまる (ผล) สรุป / 〜 tersimpulkan

---

**205**
☐

ボランティア

休みの 日に ボランティアを して います。
やす　　ひ

名 **อาสาสมัคร**
**sukarela**

ทำงานอาสาสมัครในวันหยุด
Pada hari libur, saya melakukan kegiatan sukarela.

---

**206**
☐

ふくざつな

この文は ふくざつで よく わかりません。
ぶん

ナ形 **ซับซ้อน ยุ่งยาก**
**ruwet**

ประโยคนี้ซับซ้อนและไม่ค่อยเข้าใจ
Kalimat ini ruwet jadi saya tidak paham.

---

**207**
☐

ひつよう 〈な〉

学校では 学生カードを 作る ひつようが
がっこう　　がくせい　　　　つく
あります。(名)

これは 授業に ひつような 本です。(ナ形)
じゅぎょう　　　　　　　ほん

名 **จำเป็น ขาดไม่ได้**
ナ形 **perlu**

ที่โรงเรียนมีความจำเป็นต้องทำบัตรนักเรียน
นี่เป็นหนังสือที่จำเป็นสำหรับชั่วโมงเรียน
Perlu membuat kartu siswa di sekolah.
Ini adalah buku yang diperlukan untuk pelajaran.

# 勉強
べんきょう

การเรียน / Pelajaran

---

**208** 考える
かんが

むずかしくても、よく 考えれば わかります。
かんが

動 คิด พิจารณา
memikirkan

ถึงจะยาก แต่ถ้าคิดให้ดีก็จะเข้าใจ
Meskipun sulit, akan paham jika dipikirkan dengan baik.

➕ 考え ความคิด / pikiran・考え方 วิธีคิด / cara berpikir
かんが　　　　　　　　　　　かんが かた

---

**209** 辞典
じてん

カタカナことばの 辞典 を 買いたいです。
　　　　　　　　　　　じてん　　か

名 พจนานุกรม
kamus istilah

อยากซื้อพจนานุกรมคำศัพท์คาตากานะ
Saya ingin membeli kamus istilah serapan.

➕ 辞書 พจนานุกรม / kamus・電子辞書 พจนานุกรมอิเล็กทรอนิกส์ / kamus elektorik
じしょ　　　　　　　　　　　てん し じしょ

---

**210** 調べる
しら

わからない ことばは 自分で 調べて ください。
　　　　　　　　　　　　じぶん　しら

動 ค้นหา ตรวจสอบ
mencari

กรุณาค้นหาคำศัพท์ที่ไม่รู้ด้วยตัวเอง
Carilah sendiri arti kata yang tidak dipahami!

---

**211** たしかめる

レポートを 書いたら、たしかめて ください。
　　　　　　　か

動 ตรวจสอบให้แน่ใจ
memastikan kembali

เขียนรายงานเสร็จแล้ว กรุณาตรวจสอบด้วย
Jika menulis laporan, tolong dipastikan kembali!

➕ かくにん〈する〉 การยืนยัน การตรวจสอบ / mengecek ulang

---

**212** 予習〈する〉
よしゅう

毎日、漢字を 予習して きてください。
まいにち　かんじ　よしゅう

名 การเตรียมบทเรียน
ล่วงหน้า
persiapan belajar

กรุณาเตรียมบทเรียนเรื่องคันจิมาล่วงหน้าทุกวัน
Datanglah dengan sudah melakukan persiapan belajar
huruf kanji setiap hari!

---

**213** 復習〈する〉
ふくしゅう

復習しないと、ことばが おぼえられません。
ふくしゅう

名 การทบทวน
mengulang pelajaran

ถ้าไม่ทบทวน จะจำคำศัพท์ไม่ได้
Kalau tidak mengulang pelajaran tidak bisa menghapal
kosakata.

---

---

**214**

思い出す
<ruby>思<rt>おも</rt></ruby> <ruby>出<rt>だ</rt></ruby>

動 นึกออก คิดออก
mengingat kembali

きのう 復習したのに、漢字が 思い出せません。
<ruby>復習<rt>ふくしゅう</rt></ruby> <ruby>漢字<rt>かんじ</rt></ruby> <ruby>思<rt>おも</rt></ruby> <ruby>出<rt>だ</rt></ruby>

ทั้งที่ทบทวนมาแล้วเมื่อวาน แต่ก็นึกคันจิไม่ออก
Meskipun kemarin sudah mengulang pelajaran kanji
tetap tidak bisa mengingat kembali huruf kanjinya.

---

**215**

じゅく

名 โรงเรียนกวดวิชา
les tambahan

学校が 終わったら、じゅくに 行きます。
<ruby>学校<rt>がっこう</rt></ruby> <ruby>終<rt>お</rt></ruby> <ruby>行<rt>い</rt></ruby>

หลังโรงเรียนเลิกแล้ว จะไปโรงเรียนกวดวิชา
Setelah sekolah usai, saya pergi untuk mengikuti les tambahan.

---

**216**

やる

動 ทำ
mengerjakan

家に 帰ったら、すぐ 宿題を やります。
<ruby>家<rt>いえ</rt></ruby> <ruby>帰<rt>かえ</rt></ruby> <ruby>宿題<rt>しゅくだい</rt></ruby>

กลับถึงบ้านแล้ว จะทำการบ้านทันที
Sepulang ke rumah, saya langsung mengerjakan
pekerjaan rumah.

---

**217**

がんばる

動 ตั้งใจ พยายาม
berjuang

勉強も スポーツも がんばって います。
<ruby>勉強<rt>べんきょう</rt></ruby>

ตั้งใจทั้งการเรียนและกีฬา
Saya berjuang baik untuk pelajaran maupun olahraga.

➕ 「がんばれ！」／「がんばって！」 สู้เขา/พยายามเข้านะ / Semangat!/Semangat!

---

**218**

字
<ruby>字<rt>じ</rt></ruby>

名 ตัวอักษร ลายมือ
tulisan

リーさんは 字が とても きれいです。
<ruby>字<rt>じ</rt></ruby>

คุณลีลายมือสวยมาก
Tulisan Lee-san sangat rapi.

➕ 文字 ตัวอักษร / huruf
<ruby>文字<rt>もじ</rt></ruby>

👉 文字 ใช้หมายถึง อักษรคันจิ อักษรคานะ หรืออักษรโรมันได้
Yang disebut 文字 merujuk pada huruf kanji, huruf kana dan huruf Romawi.

---

**219**

ふりがな

名 ฟุริงานะ อักษรกำกับ
เสียงอ่านบนอักษร คันจิ
cara baca (huruf kanji)

ふりがなが ないと、漢字が 読めません。
<ruby>漢字<rt>かんじ</rt></ruby> <ruby>読<rt>よ</rt></ruby>

พอไม่มีฟุริงานะแล้วจะอ่านคันจิไม่ออก
Jika tidak ada cara bacanya, saya tidak bisa membaca
huruf Kanji.

➕ 読み方 วิธีอ่าน / cara baca (huruf kanji)
<ruby>読<rt>よ</rt></ruby> <ruby>方<rt>かた</rt></ruby>

---

**220**

メモ〈する〉

名 บันทึก
mencatat

大切な ことを メモして おきます。
<ruby>大切<rt>たいせつ</rt></ruby>

บันทึกเรื่องสำคัญ ๆ ไว้
Saya akan mencatat hal-hal yang penting.

---

| 221 □ | 文法<br><sub>ぶんぽう</sub> | Ｎ４の <u>文法</u>を おぼえましょう。<br><sub>エヌよん ぶんぽう</sub> |
|---|---|---|
| 名 | **ไวยากรณ์**<br>tata bahasa | จำไวยากรณ์ N4 กันเถอะ<br>Mari menghapal tata bahasa Jepang level N4. |

| 222 □ | 説明〈する〉<br><sub>せつめい</sub> | この <u>文法</u>の <u>説明</u>は よく わかりません。<br><sub>ぶんぽう せつめい</sub> |
|---|---|---|
| 名 | **การอธิบาย**<br>menjelaskan | ไม่ค่อยเข้าใจคำอธิบายไวยากรณ์นี้<br>Saya benar-benar tidak paham penjelasan tata bahasa ini. |

| 223 □ | 発音〈する〉<br><sub>はつおん</sub> | マリアさんの <u>発音</u>は とても きれいです。<br><sub>はつおん</sub> |
|---|---|---|
| 名 | **การออกเสียง**<br>melafalkan | การออกเสียงของคุณมาเรียไพเราะมาก<br>Lafal Maria-san sangat bagus. |

| 224 □ | 会話〈する〉<br><sub>かいわ</sub> | 日本語だけで <u>会話し</u>ましょう。<br><sub>にほんご かいわ</sub> |
|---|---|---|
| 名 | **การสนทนา**<br>bercakap-cakap | มาสนทนาด้วยภาษาญี่ปุ่นเท่านั้นกันเถอะ<br>Mari bercakap-cakap hanya dengan bahasa Jepang. |

➕ 話す พูด / berbicara・話 การพูดจา คำพูด เรื่องราว / cerita
<sub>はな はなし</sub>

| 225 □ | 足す<br><sub>た</sub> | ２５に ４７を <u>足す</u>と、７２に なります。<br><sub>にじゅうご よんじゅうなな た ななじゅうに</sub> |
|---|---|---|
| 動 | **บวก เพิ่ม**<br>menambah | เอา 25 บวก 47 จะเท่ากับ 72<br>25 ditambah 47 adalah 72. |

➕ 引く ลบ / mengurangi・(数を)かける คูณ / mengalikan angka・
<sub>ひ</sub> <sub>かず</sub>
(数を)わる หาร / membagi angka
<sub>かず</sub>

| 226 □ | 役に立つ<br><sub>やく た</sub> | この 本は とても <u>役に立ち</u>ます。<br><sub>ほん やく た</sub> |
|---|---|---|
| 動 | **มีประโยชน์**<br>bermanfaat | หนังสือเล่มนี้มีประโยชน์มาก<br>Buku ini sangat bermanfaat. |

| 227 □ | 勉強中<br><sub>べんきょうちゅう</sub> | 今、テストの ための <u>勉強中</u>です。<br><sub>いま べんきょうちゅう</sub> |
|---|---|---|
| 名 | **อยู่ในระหว่างการดู<br>หนังสือ**<br>sedang belajar | ตอนนี้อยู่ในระหว่างการดูหนังสือสอบ<br>Saat ini saya dengan belajar untuk tes. |

➕ テスト中 อยู่ในระหว่างการสอบ / sedang tes・
<sub>ちゅう</sub>

電話中 ติดสายอยู่ อยู่ในระหว่างคุยโทรศัพท์ / sedang menelepon
<sub>でんわ ちゅう</sub>

การทำงาน ① / Pekerjaan ①

---

**228** つとめる

動 ทำงาน
bekerja

私は ＩＴの 会社に <u>つとめて</u> います。
わたし　アイティー　かいしゃ

ฉันทำงานอยู่ที่บริษัทไอที
Saya bekerja di perusahaan IT.

➕ （〜で）働く ทำงาน (ที่...) / bekerja di 〜
はたら

---

**229** 給料
きゅうりょう

名 เงินเดือน
gaji

今日、はじめての <u>給料</u>を もらいました。
きょう　　　　　　きゅうりょう

วันนี้ได้รับเงินเดือนเป็นครั้งแรก
Hari ini saya menerima gaji pertama.

➕ 給料日 วันเงินเดือนออก / hari gajian
きゅうりょう び

---

**230** ボーナス

名 โบนัส
bonus

夏と 冬に <u>ボーナス</u>が あります。
なつ　ふゆ

มีโบนัสในฤดูร้อนและฤดูหนาว
Ada bonus (gaji) di musim panas dan musim dingin.

---

**231** 貯金 〈する〉
ちょきん

名 การออมเงิน
การฝากเงิน
menabung

旅行の ために <u>貯金し</u>ます。
りょこう　　　　　　ちょきん

เก็บเงินเพื่อไปเที่ยว
Saya menabung untuk berwisata.

➕ 貯金箱 กระปุกออมสิน / celengan
ちょきんばこ

---

**232** 受付
うけつけ

名 แผนกประชาสัมพันธ์
แผนกต้อนรับ
resepsionis

<u>受付</u>は 3階に あります。
うけつけ　　かい

แผนกประชาสัมพันธ์อยู่ที่ชั้น 3
Resepsionis ada di lantai 3.

➕ 受け付ける ได้รับ รับ / menerima (tamu)
う　つ

---

**233** 名刺
めいし

名 นามบัตร
kartu nama

<u>名刺</u>の 名前が まちがって いました。
めいし　　なまえ

ชื่อบนนามบัตรผิด
Nama saya di kartu nama salah.

**234** 営業 〈する〉
えいぎょう

営業の 仕事は 楽しいです。
えいぎょう しごと たの

名 การดำเนินธุรกิจ
การขาย
penjualan

งานขายสนุก
Pekerjaan bagian penjualan menyenangkan.

**235** あいさつ〈する〉

いつも 元気に あいさつして います。
げんき

名 การทักทาย
mengucapkan salam

ทักทายอย่างแจ่มใสอยู่เสมอ
Selalu mengucapkan salam dengan ceria.

**236** 会議 〈する〉
かいぎ

今日の 会議は 午後 3時から です。
きょう かいぎ ごご じ

名 การประชุม
rapat

การประชุมวันนี้จะเริ่มตั้งแต่บ่าย 3 โมง
Rapat hari ini dari jam 3 sore.

➕ 会議室 ห้องประชุม / ruang rapat・会議中 อยู่ในระหว่างการประชุม / sedang rapat
かいぎしつ かいぎちゅう

**237** ミーティング

昼ごはんを 食べながら ミーティングを
ひる た
しましょう。

名 การประชุม ประชุม
pertemuan

ประชุมขณะที่ทานข้าวเที่ยงไปด้วยกันเถอะ
Mari melakukan pertemuan sambil makan siang.

➕ ミーティングルーム ห้องประชุม / ruang pertemuan・

ミーティング中 อยู่ในระหว่างการประชุม / sedang pertemuan
ちゅう

**238** 意見
いけん

人の 意見を よく 聞きましょう。
ひと いけん き

名 ความคิดเห็น
pendapat

ตั้งใจฟังความคิดเห็นของผู้อื่นกันเถอะ
Mari mendengarkan pendapat orang lain dengan baik.

**239** アイディア

部長の アイディアは おもしろいです。
ぶちょう

名 ไอเดีย ความคิด
ide, gagasan

ไอเดียของผู้จัดการฝ่ายน่าสนใจ
Ide kepala bagian menarik.

**240** スケジュール

社長の スケジュールを 知って いますか。
しゃちょう し

名 กำหนดการ
jadwal

รู้กำหนดการของท่านประธานบริษัทไหม
Apakah Anda tahu jadwal direktur?

**241**

出張 〈する〉
しゅっちょう

父は よく アメリカへ <u>出張して</u> います。
ちち　　　　　　　　　　　　しゅっちょう

名　การไปทำงานนอก
สถานที่
dinas luar

พ่อไปทำงานที่อเมริกาอยู่บ่อย ๆ
Ayah saya sering dinas luar ke Amerika.

**242**

もどる

A「田中さんが <u>もどる</u>のは 何時ですか。」
　　たなか　　　　　　　　なんじ
B「3時ごろだと 思います。」
　　じ　　　　　　おも

動　กลับมา
kembali

A：คุณทานากะจะกลับมากี่โมง
B：คิดว่าประมาณ 3 โมง
A：Tanaka-san akan kembali jam berapa?
B：Saya kira sekitar jam 3.

**243**

もどす

新聞を 読んだら、ここに <u>もどして</u> ください。
しんぶん　よ

動　นำกลับมาคืนที่เดิม
mengembalikan

อ่านหนังสือพิมพ์แล้ว กรุณานำกลับมาคืนที่นี่ด้วย
Sesudah membaca koran baru, kembalikan ke sini!

**244**

本社
ほんしゃ

春から 東京の <u>本社</u>に 行きます。
はる　　とうきょう　ほんしゃ　い

名　สำนักงานใหญ่
บริษัทแม่
kantor pusat

จะไปสำนักงานใหญ่ที่โตเกียวตั้งแต่ฤดูใบไม้ผลิ
Saya akan pergi ke kantor pusat mulai musim semi.

➕ 支社 (บริษัท) สาขา / kantor cabang・本店 (ร้าน) สำนักงานใหญ่ / toko pusat・
　ししゃ　　　　　　　　　　　　　　　　　　ほんてん
支店 (ร้าน) สาขา / toko cabang
してん

**245**

社長
しゃちょう

私の 会社の <u>社長</u>は 若いです。
わたし　かいしゃ　しゃちょう　わか

名　ประธานบริษัท
direktur perusahaan

ประธานบริษัทฉันยังหนุ่มอยู่เลย
Direktur perusahaan saya muda.

➕ 社長室 ห้องประธานบริษัท / ruang direktur・部長 ผู้จัดการฝ่าย / kepala bagian・
　しゃちょうしつ　　　　　　　　　　　　　　　ぶちょう
課長 ผู้จัดการแผนก / manajer bagian
かちょう

**246**

ルール

会社の <u>ルール</u> を よく 読んでください。
かいしゃ　　　　　　　　　よ

名　กฎ
aturan

กรุณาอ่านกฎของบริษัทให้ดี
Tolong baca baik-baik peraturan perusahaan!

**247** 規則
きそく

この 会社の 規則を 知って いますか。
かいしゃ　　きそく　し

名 กฎระเบียบ
tata tertib

รู้กฎระเบียบของบริษัทนี้ไหม
Apakah Anda tahu tata tertib di perusahaan ini?

✚ 校則 กฎระเบียบของโรงเรียน / tata tertib sekolah
こうそく

---

**248** 決まる
き

新しい アルバイトが 決まりました。
あたら　　　　　　　　　　き

動 กำหนด ตกลง
dapat

งานพิเศษงานใหม่กำหนดได้แล้ว
Saya sudah mendapat pekerjaan paruh waktu yang baru.

---

**249** 決める
き

会議の 時間を 決めましょう。
かいぎ　じかん　　き

動 ตัดสินใจ ตกลงใจ
memutuskan

ตกลงเรื่องเวลาประชุมกันเถอะ
Mari kita putuskan waktu rapatnya!

---

**250** きょか 〈する〉

休む ときは きょかを もらって ください。
やす

名 การอนุญาต การยินยอม
mengizinkan

ตอนจะลาหยุด ขอให้ได้รับการอนุญาตด้วย
Mintalah izin ketika tidak masuk!

---

**251** (はんこを)押す
お

ここに はんこを 押して ください。
お

動 ประทับ (ตรา)
mengecap (stempel)

กรุณาประทับตราตรงนี้
Caplah di sini!

---

**252** ちこく 〈する〉

1分でも ちこくしては いけません。
いっぷん

名 การมาสาย
terlambat

ห้ามมาสายแม้แต่นาทีเดียว
Tidak boleh terlambat 1 menit pun!

## Section 5

# 仕事②
しごと

การทำงาน ② / Pekerjaan ②

| 253 | 技術<br>ぎじゅつ | この 会社には どんな 技術が ありますか。<br>かいしゃ　　　　　　ぎじゅつ |
|---|---|---|
| 名 | เทคโนโลยี<br>teknologi | ที่บริษัทแห่งนี้มีเทคโนโลยีแบบไหน<br>Ada teknologi seperti apa di perusahaan ini? |

| 254 | パソコン | パソコンを 見て いると、目が つかれます。<br>み　　　　　　め |
|---|---|---|
| 名 | คอมพิวเตอร์<br>komputer | พอมองคอมพิวเตอร์แล้ว ตาก็จะล้า<br>Jika melihat komputer, mata menjadi lelah. |

| 255 | ソフト | パソコンの ソフトを 作る 仕事が したいです。<br>つく　しごと |
|---|---|---|
| 名 | ซอฟต์แวร์<br>perangkat lunak<br>(komputer) | อยากทำงานที่ผลิตซอฟต์แวร์คอมพิวเตอร์<br>Saya ingin melakukan pekerjaan membuat perangkat<br>lunak komputer. |

➕ ゲームソフト เกมซอฟต์แวร์ / program game

| 256 | 書類<br>しょるい | 明日までに この 書類を 出して ください。<br>あす　　　　　しょるい　だ |
|---|---|---|
| 名 | เอกสาร<br>berkas | กรุณาส่งเอกสารฉบับนี้ภายในวันพรุ่งนี้<br>Kumpulkan berkas ini paling lambat besok! |

➕ 資料 เอกสาร ข้อมูล / materi (bahan)
しりょう

| 257 | ファイル | 資料を ファイルに 入れます。<br>しりょう　　　　　い |
|---|---|---|
| 名 | ไฟล์ แฟ้ม<br>file/dokumen | ใส่เอกสารลงในไฟล์ (แฟ้ม)<br>Saya memasukkan materi ke dalam file. |

| 258 | 入力 〈する〉<br>にゅうりょく | ここに 英語で 入力して ください。<br>えいご　にゅうりょく |
|---|---|---|
| 名 | การป้อนข้อมูล<br>mengentri | กรุณาป้อนข้อมูลตรงนี้ด้วยภาษาอังกฤษ<br>Entrilah menggunakan bahasa Inggris di sini! |

**259** ☐ ほんやく〈する〉

名 การแปล
menerjemahkan

中国語を 日本語に ほんやくします。
ちゅうごくご　にほんご

แปลภาษาจีนเป็นภาษาญี่ปุ่น
Saya menerjemahkan bahasa Cina ke dalam bahasa Jepang.

➕ ほんやく家 นักแปล / penerjemah
か

**260** ☐ 通訳〈する〉
つうやく

名 ล่าม การแปลภาษา
menerjemahkan secara lisan

小学生の ころから 通訳に なりたかったです。
しょうがくせい　　　　　つうやく

อยากเป็นล่ามมาตั้งแต่สมัยเป็นนักเรียนประถม
Sejak Sekolah Dasar saya ingin menjadi penerjemah lisan.

**261** ☐ 方法
ほうほう

名 วิธีการ
metode

日本語が 上手に なる 方法を 教えて ください。
にほんご　じょうず　　　ほうほう　おし

ช่วยบอกวิธีที่ทำให้เก่งภาษาญี่ปุ่นขึ้นที
Ajarilah saya metode agar mahir bahasa Jepang!

**262** ☐ しかた

名 วิธี
cara melakukan

仕事の しかたを すぐに おぼえました。
しごと

จำวิธีการทำงานได้ในทันที
Saya cepat menghapal cara melakukan pekerjaan.

🟰 やり方
かた

**263** ☐ 慣れる
な

動 คุ้นเคย
beradaptasi/terbiasa

最近、やっと 仕事に 慣れました。
さいきん　　　　しごと　な

ในที่สุดตอนนี้ก็คุ้นเคยกับงานเสียที
Sekarang ini, akhirnya sudah bisa beradaptasi pada pekerjaan.

**264** ☐ うまくいく

動 ราบรื่น ไปได้ด้วยดี
berjalan dengan lancar/ baik

明日の スピーチは うまくいくでしょう。
あした

หวังว่าสุนทรพจน์พรุ่งนี้จะราบรื่น
Semoga pidato besok berjalan dengan lancar.

**265** ☐ 成功〈する〉
せいこう

名 การประสบความ สำเร็จ
berhasil

田中さんは 仕事で 成功しました。
たなか　　　しごと　せいこう

คุณทานากะประสบความสำเร็จในการทำงาน
Tanaka-san berhasil dalam pekerjaan.

**266** たのむ

店長に 仕事を たのまれました。
てんちょう　しごと

動 ขอร้อง
meminta tolong

เจ้าของร้านมาขอร้องให้ทำงาน
Saya dimintai tolong melakukan pekerjaan oleh kepala cabang.

**267** 手伝う
てつだ

フランス語の 通訳を 手伝って ください。
ご　　つうやく　　てつだ

動 ช่วยเหลือ
membantu

ช่วยแปลภาษาฝรั่งเศสหน่อย
Tolong membantu penerjemahan bahasa Perancis!

➕ 手伝い การช่วยเหลือ / bantuan
てつだ

**268** 残業 〈する〉
ざんぎょう

いそがしいときは 残業します。
ざんぎょう

名 การทำงานล่วงเวลา
lembur

ตอนที่งานยุ่ง ๆ จะทำงานล่วงเวลา
Saya lembur pada waktu pekerjaan sibuk.

**269** むり 〈な〉

そんな むりを 言わないで ください。(名)

毎日 アルバイトを するのは むりです。(ナ形)
まいにち

名
ナ形
เป็นไปไม่ได้
mustahil

กรุณาอย่าพูดในสิ่งที่เป็นไปไม่ได้
การทำงานพิเศษทุกวันเป็นไปไม่ได้
Jangan mengatakan hal mustahil seperti itu.
Saya mustahil untuk bekerja paruh waktu setiap hari.

➕ むりする ฝืน / memaksakan diri

**270** 急ぐ
いそ

時間が ないので、急いで ください。
じかん　　　　　いそ

動 เร่งรีบ
bergegas

รีบหน่อย ไม่มีเวลาแล้ว
Karena tidak ada waktu, bergegaslah!

**271** 昼休み
ひるやす

昼休みは 12時から 1時間です。
ひるやす　　じゅうに じ　　　じかん

名 ช่วงพักกลางวัน
istirahat siang

ช่วงพักกลางวันมี 1 ชั่วโมง เริ่มจาก 12 นาฬิกา
Istirahat siang satu jam mulai jam 12.

➕ ランチ อาหารกลางวัน / makan siang

**272** 休けい 〈する〉
きゅう

3時ですから、ちょっと 休けいしましょう。
じ　　　　　　　　　　きゅう

名 การหยุดพัก
rehat

3 โมงแล้ว พักกันหน่อยเถอะ
Karena sudah jam 3, mari rehat sejenak.

**273**

忘年会
ぼうねんかい

名 งานเลี้ยงส่งท้าย ปีเก่า
**pesta akhir tahun, pesta tutup tahun**

来週、忘年会を しませんか。
らいしゅう　ぼうねんかい

สัปดาห์หน้าจัดงานเลี้ยงส่งท้ายปีเก่ากันไหม
Maukah minggu depan mengikuti pesta akhir tahun?

➕ 新年会 งานเลี้ยงปีใหม่ / pesta tahun baru ·
しんねんかい

たんじょう会 งานเลี้ยงวันเกิด / pesta ulang tahun ·
かい

飲み会 งานดื่มสังสรรค์ / pesta minum ·
の　かい

二次会 อาฟเตอร์ปาร์ตี้ งานเลี้ยงเล็ก ๆ ที่จัดหลังงานเลี้ยงใหญ่ / pesta minum seri kedua
に じ かい

**274**

公務員
こう む いん

名 ข้าราชการ
**pegawai pemerintah**

父も 母も 公務員です。
ちち　はは　こう む いん

ทั้งพ่อและแม่เป็นข้าราชการ
Ayah dan juga ibu saya pegawai pemerintah.

➕ 会社員 พนักงานบริษัท / pegawai perusahaan · 駅員 พนักงานสถานี /
かいしゃいん　　　　　　　　　　　　　　　　　　えきいん

pegawai stasiun · 銀行員 พนักงานธนาคาร / pegawai bank
ぎんこういん

**275**

弁護士
べん ご し

名 ทนายความ
**pengacara**

弁護士に なるのは むずかしいです。
べん ご し

การเป็นทนายความเป็นเรื่องยาก
Menjadi pengacara itu sulit.

**276**

工場
こうじょう

名 โรงงาน
**pabrik**

パンの 工場で アルバイトして いました。
こうじょう

เคยทำงานพิเศษที่โรงงานขนมปัง
Saya dulu bekerja paruh waktu di pabrik roti.

**277**

事務所
じ む しょ

名 สำนักงาน ออฟฟิศ
**ruang kantor**

事務所で 昼ごはんを 食べて います。
じ む しょ　ひる　　　　　た

กินอาหารกลางวันที่ออฟฟิศ
Saya makan siang di ruang kantor.

コミュニケーションに 使える ことば ❶

 あいさつ การทักทาย / Salam

▶ **出かけるとき**　เวลาออกไปข้างนอก / Saat bepergian

いってらっしゃい。　　　ไปดีมาดีนะ / Berangkatlah.

いってきます。　　　　　ไปแล้วนะ / Saya berangkat dulu.

▶ **帰ってきたとき**　เวลากลับมา / Saat pulang

ただいま。　　　　　　　กลับมาแล้วนะ / Saya kembali.

おかえりなさい。　　　　ขอต้อนรับกลับมานะ กลับมาแล้วเหรอ /
　　　　　　　　　　　　Selamat pulang kembali.

👉 ถ้าเป็นครอบครัวหรือเพื่อนจะพูดว่า おかえり ก็ได้
　　Jika kepada keluarga dan teman boleh juga mengucapkan おかえり .

▶ **久しぶりに会ったとき**　เวลาที่ไม่ได้พบกันนาน / Saat lama tak berjumpa

お元気ですか。　　　　　สบายดีไหม / Apa kabar?

はい。おかげさまで (元気です)。ค่ะ/ครับ ด้วยบารมีของคุณ (สบายดี) /
　　　　　　　　　　　　Ya. Berkat doa Anda, saya sehat.

▶ **病気の人に**　กับคนป่วย / Kepada orang sakit

お大事に。　　　　　　　ขอให้หายไว ๆ นะ / Semoga lekas sembuh.

ありがとうございます。　ขอบคุณค่ะ/ครับ / Terima kasih.

▶ **会社・アルバイトで**　ที่บริษัทหรือที่ทำงานพิเศษ /
　　　　　　　　　　　　Di perusahaan atau tempat kerja paruh waktu

お先に しつれいします。　ขอตัวก่อนนะคะ/ครับ / Saya pulang duluan ya.

おつかれさまでした。　　ขอบคุณที่ตั้งใจทำงานนะคะ/ครับ /
　　　　　　　　　　　　Selamat istirahat, sampai nanti (setelah bekerja).

👉 ถ้าพูดกับคนที่อายุน้อยกว่าจะใช้ お先に หรือ おつかれさま ก็ได้
　　Kepada orang yang lebih muda boleh mengucapkan お先に dan おつかれさま .

▶ **いろいろ 使(つか)える**　ใช้ได้ในหลายสถานการณ์ / Bisa digunakan dalam beragam situasi

# しつれいします。　　　　ขอโทษนะคะ/ครับ / Permisi.

しつれいします สามารถใช้ได้ในหลายสถานการณ์
しつれいします bisa digunakan dalam beragam situasi.

① เมื่อเข้าไปในบ้านหรือห้องของใครบางคน / Ketika masuk ke kamar atau rumah orang lain
② เมื่อออกจากบ้านหรือห้องของใครบางคน / Ketika keluar (akan pulang) dari kamar atau rumah orang lain
③ เมื่อวางหูโทรศัพท์ / Ketika mengakhiri percakapan telepon
④ เมื่อกล่าวลาใครบางคนหลังจากพบกัน / Ketika berpisah setelah pertemuan dengan seseorang

👉 สำนวนนี้เป็นสำนวนสุภาพที่ใช้กับผู้ที่อาวุโสกว่าเรา และเป็นประโยชน์มา โดยเฉพาะการใช้ในบริบททางธุรกิจ
Ungkapan berikut adalah ungkapan yang sopan terhadap orang yang lebih tua dan sering digunakan dalam situasi bisnis.

▶ **おいわいの メッセージ！**　ข้อความแสดงความยินดี / Pesan untuk merayakan sesuatu

# 【(ご)けっこん】おめでとうございます。

ขอแสดงความยินดีกับการแต่งงานด้วยนะคะ/ครับ / Selamat atas pernikahan (Anda).

# ありがとうございます。　　ขอบคุณมากค่ะ/ครับ / Terima kasih.

👉 คำอย่าง 合格, (ご)入学, (ご)そつぎょう, (ご)出産 สามารถนำไปใส่ในวงเล็บ【　】
ได้ และสามารถใช้สำนวน けっこん おめでとう หรือ にゅうがく おめでとう
(　) kata di dalam kurung bisa dimasukkan juga dengan 合格, (ご)入学, (ご)卒業, (ご)出産 dan sebagainya. Kepada teman atau keluarga boleh juga ketika mengucapkan けっこんおめでとう, にゅうがくおめでとう tanpa mengucapkan ご di depan ucapan selamat tersebut.

# 楽しいこと
### たの
### เรื่องแสนสนุก
### Hal yang menyenangkan

| | | 単語 No. |
|---|---|---|
| | | たんご |
| **1** | **旅行** การท่องเที่ยว / Wisata | **278 ～ 305** |
| | りょこう | |
| **2** | **料理～食べる** อาหาร - การกิน / Masakan ～ Makan | **306 ～ 331** |
| | りょうり　た | |
| **3** | **料理～作る** อาหาร - การปรุง / Masakan ～ Memasak | **332 ～ 359** |
| | りょうり　つく | |
| **4** | **買い物** การซื้อของ / Belanja | **360 ～ 388** |
| | か　もの | |
| **5** | **場所** สถานที่ / Tempat | **389 ～ 419** |
| | ばしょ | |

---

**278** □

ガイドブック

名 หนังสือนำเที่ยว
buku panduan
perjalanan

本屋さんで ガイドブックを 買いました。
ほんや か

ซื้อหนังสือนำเที่ยวที่ร้านหนังสือ
Saya membeli buku panduan perjalanan di toko buku.

---

**279** □

時こく表
じ　ひょう

名 ตารางเวลา
informasi jadwal
keberangkatan

電車の 時こく表は どこに ありますか。
でんしゃ じ ひょう

ตารางเวลารถไฟอยู่ที่ไหน
Jadwal keberangkatan kereta ada di mana?

---

**280** □

計画 〈する〉
けいかく

名 การวางแผน แผนการ
merencanakan

今年 家族と 旅行を 計画して います。
ことし かぞく りょこう けいかく

กำลังวางแผนท่องเที่ยวกับครอบครัวปีนี้อยู่
Saya merencanakan berwisata dengan keluarga saya
tahun ini.

---

**281** □

遠く
とお

名 ไกล ไกลออกไป
jauh

たまには 遠くへ 行きたいです。
とお い

บางครั้งก็อยากจะไปไกล ๆ
Ada kalanya saya ingin pergi yang jauh.

↔ 近く
ちか

---

**282** □

海外
かいがい

名 ต่างประเทศ
luar negeri

夏休みに 海外へ 行きたいと 思って います。
なつやす かいがい い おも

กำลังคิดว่าอยากจะไปต่างประเทศช่วงวันหยุด ฤดูร้อน
Saya pikir saya ingin pergi ke luar negeri pada libur
musim panas.

＝ 外国　＋ 海外旅行 การท่องเที่ยวต่างประเทศ / berwisata ke luar negeri・
がいこく　　　　海外旅行
　　　　　　　　かいがいりょこう

外国旅行 การท่องเที่ยวระหว่างประเทศ / berwisata ke negara lain
がいこくりょこう

**283**
☐
国内
こくない

名 ในประเทศ
dalam negeri

夏に 母と 国内を 旅行します。
なつ　はは　こくない　りょこう

จะเที่ยวในประเทศกับแม่ช่วงฤดูร้อน
Saya akan berwisata di dalam negeri dengan ibu pada
musim panas.

➕ 国内旅行 การท่องเที่ยวภายในประเทศ / berwisata dalam negeri
こくないりょこう

**284**
☐
景色
けしき

名 ทัศนียภาพ ทิวทัศน์
pemandangan

ここから 見る 景色は ほんとうに きれいですね。
みる　けしき

วิวที่มองจากตรงนี้สวยจริง ๆ เลยนะ
Pemandangan yang dilihat dari sini sungguh indah.

**285**
☐
[お] 祭り
まつ

名 งานเทศกาล
festival/perayaan

日本には おもしろい 祭りが 多いです。
にほん　まつ　おお

ที่ญี่ปุ่นมีงานเทศกาลที่น่าสนใจมากมาย
Di Jepang banyak perayaan yang menarik.

➕ 夏祭り งานเทศกาลฤดูร้อน / perayaan musim panas・
なつまつ
秋祭り งานเทศกาลฤดูใบไม้ร่วง / perayaan musim gugur・
あきまつ
雪祭り งานเทศกาลฤดูหนาว / perayaan musim dingin
ゆきまつ

**286**
☐
花火
はなび

名 ดอกไม้ไฟ
kembang api

日本の 花火の 技術は 世界一です。
にほん　はなび　ぎじゅつ　せかいいち

เทคนิคด้านดอกไม้ไฟของญี่ปุ่นคือที่สุดในโลก
Teknologi kembang api Jepang nomor 1 di dunia.

➕ 花火大会 เทศกาลดอกไม้ไฟ / pesta kembang api
はなびたいかい

**287**
☐
連休
れんきゅう

名 วันหยุดยาว
libur berturut-turut

もうすぐ うれしい 4連休です。
れんきゅう

ใกล้จะถึงวันหยุดยาว 4 วันอันแสนสุขแล้ว
Libur 4 hari berturut-turut yang menyenangkan hampir
tiba.

➕ 3連休 วันหยุดยาว 3 วัน / libur 3 hari berturut-turut・ゴールデンウィーク
れんきゅう
โกลเด้นวีค (ช่วงวันหยุดยาวของญี่ปุ่น ราวต้นเดือนพฤษภาคม) / libur golden week

**288**
☐
[お] 正月
しょうがつ

名 วันขึ้นปีใหม่
tahun baru

お正月の 休みに 国へ 帰るつもりです。
しょうがつ　やす　くに　かえ

ตั้งใจว่าจะกลับประเทศช่วงวันหยุดปีใหม่
Saya bermaksud pulang ke negara saya saat tahun baru.

➕ お年玉 เงินแต๊ะเอียปีใหม่ / angpau tahun baru
としだま

**289**

旅行社
りょこうしゃ

名 บริษัทท่องเที่ยว
agen wisata

駅の 近くの 旅行社は とても 親切です。
えき　ちか　　りょこうしゃ　　　　　　しんせつ

บริษัทท่องเที่ยวใกล้ ๆ สถานีใจดีมาก
Agen wisata di dekat stasiuan sangat ramah.

■ 旅行会社
りょこうがいしゃ

---

**290**

申し込む
もう　こ

動 สมัคร ลงชื่อ จอง
mendaftar

友だちと ハワイ旅行を 申し込みました。
とも　　　　　　りょこう　　もう　こ

ลงชื่อไปเที่ยวฮาวายกับเพื่อน
Saya dan teman saya mendaftar liburan ke Hawai.

➕ 申し込み การสมัคร / pendaftaran
　　もう　こ

---

**291**

シングル（ベッド）

名 (เตียง) เดี่ยว
tempat tidur singgel

シングルの 部屋を 予約しました。
　　　　　　へや　　よやく

จองห้องเตียงเดี่ยวไปแล้ว
Saya memesan kamar singgel.

➕ ツイン（ベッド）(เตียง) คู่ / dua tempat tidur yang sama・
ダブル（ベッド）(เตียง) ใหญ่ / tempat tidur dobel

👉 มักละคำว่า / kata ベッド sering tidak diucapkan

---

**292**

予約〈する〉
よやく

名 การจอง
melakukan reservasi

早く ホテルを 予約した ほうが いいです。
はや　　　　　　よやく

รีบจองโรงแรมดีกว่า
Sebaiknya melakukan reservasi hotel secepatnya.

---

**293**

したく〈する〉

名 การจัดเตรียม
การตระเตรียม
melakukan persiapan

旅行の したくを して います。
りょこう

กำลังเตรียมตัวไปเที่ยวอยู่
Saya melakukan persiapan untuk berwisata.

■ 準備〈する〉
じゅんび

---

**294**

空港
くうこう

名 สนามบิน
bandar udara

ここから 空港まで バスで 行きます。
　　　　　くうこう　　　　　　　い

จะไปสนามบินจากที่นี่โดยรถบัส
Saya akan pergi dari sini sampai bandar udara naik bus.

---

**295**

両替〈する〉
りょうがえ

名 การแลกเงิน
menukar valuta asing

どこで 日本円に 両替したら いいですか。
　　　　にほんえん　　りょうがえ

จะแลกเงินเยนญี่ปุ่นที่ไหนดี
Sebaiknya menukar uang yen Jepang di mana?

➕ 両替所 ที่แลกเงิน / tempat penukaran uang
りょうがえじょ

---

**296**

出発 〈する〉
しゅっぱつ

名 **การออกเดินทาง**
**berangkat**

飛行機が もうすぐ 出発します。
ひこうき                しゅっぱつ

เครื่องบินใกล้จะออกแล้ว
Pesawat sudah hampir berangkat.

➕ 出発ロビー ห้องผู้โดยสารขาออก / lobi keberangkatan
しゅっぱつ

---

**297**

到着 〈する〉
とうちゃく

名 **การมาถึง**
**tiba/sampai**

何時に 日本に 到着しますか。
なんじ   にほん   とうちゃく

จะมาถึงญี่ปุ่นกี่โมง
Sampai di Jepang jam berapa?

➕ 到着ロビー ห้องผู้โดยสารขาเข้า / lobi kedatangan
とうちゃく

---

**298**

帰国 〈する〉
きこく

名 **การกลับประเทศ**
**pulang ke negara asal**

来月、帰国する ことに なりました。
らいげつ  きこく

ตกลงว่าจะกลับประเทศเดือนหน้า
Saya telah diputuskan harus pulang ke tanah air bulan depan.

➕ 一時帰国 〈する〉 การกลับประเทศชั่วคราว / mudik sementara ke negara asal
いちじ きこく

---

**299**

旅館
りょかん

名 **โรงแรมสไตล์ญี่ปุ่น**
**เรียวกัง**
**penginapan gaya Jepang**

この 旅館は とても 有名です。
りょかん        ゆうめい

เรียวกังนี้มีชื่อเสียงมาก
Penginapan gaya Jepang ini sangat terkenal.

---

**300**

フロント

名 **แผนกต้อนรับ**
**bagian depan/**
**resepsionis**

ホテルの フロントで パスポートを 見せます。
み

เอาพาสปอร์ตให้แผนกต้อนรับดู
Saya memperlihatkan paspor di bagian resepsionis.

---

**301**

泊まる
と

動 **พัก ค้างคืน**
**menginap**

あの 有名な 旅館に 泊まって みたいです。
ゆうめい りょかん  と

อยากลองพักที่เรียวกังที่มีชื่อเสียงแห่งนั้น
Saya ingin mencoba menginap di penginapan gaya Jepang yang terkenal ini.

➕ 1泊2日 2 วัน 1 คืน / dua hari satu malam・2泊3日 3 วัน 2 คืน /
いっぱくふつか                              にはくみっか
tiga hari dua malam・3泊4日 4 วัน 3 คืน / empat hari tiga malam
さんぱくよっか

**302** □

すごす

動 ใช้ (ชีวิต เวลา)
melewatkan (waktu)

暖かい 国で ゆっくり <u>すごし</u>たいです。
あたた　　くに

อยากใช้เวลาสบาย ๆ ในประเทศที่อบอุ่น
Saya ingin melewatkan waktu di negara yang hangat.

---

**303** □

経験 〈する〉
けいけん

名 ประสบการณ์
mengalami

若い ときに いろいろ <u>経験して</u> おきます。
わか　　　　　　　　けいけん

จะสั่งสมประสบการณ์ต่าง ๆ ไว้ตั้งแต่อายุน้อย ๆ
Ketika muda saya mencoba berbagai pengalaman.

---

**304** □

見物 〈する〉
けんぶつ

名 การเที่ยวชม
melihat-lihat

バスに 乗って、東京を <u>見物し</u>ました。
の　　　とうきょう　けんぶつ

นั่งรถบัสเที่ยวชมโตเกียว
Saya melihat-lihat Tokyo naik bus.

➕ 見学 〈する〉 การทัศนศึกษา / mengunjungi
けんがく

---

**305** □

はがき

名 ไปรษณียบัตร
kartu pos

友だちが きれいな <u>はがき</u>を 送って くれました。
とも　　　　　　　　　　　おく

เพื่อนส่งไปรษณียบัตรสวย ๆ มาให้
Teman saya mengirimi saya kartu pos yang cantik.

➕ 絵はがき โปสการ์ดที่มีรูปภาพ / kartu pos bergambar
え

## Section 2

# 料理〜食べる
りょうり　　た

## アハーラ - การกิน / Masakan 〜 Makan

---

**306** 和食
わしょく

名　อาหารญี่ปุ่น
makanan ala Jepang

日本料理は 和食とも 言います。
にほんりょうり　　わしょく　　い

อาหารญี่ปุ่นเรียกอีกอย่างว่า "วาโชกุ"
Masakan Jepang disebut juga makanan ala Jepang
"washoku."

■ 日本料理
にほんりょうり

---

**307** 洋食
ようしょく

名　อาหารตะวันตก
อาหารฝรั่ง
makanan ala Barat

今日は 洋食が 食べたいです。
きょう　　ようしょく　　た

วันนี้อยากกินอาหารตะวันตก
Hari ini saya ingin makan makanan ala Barat.

---

**308** ステーキ

名　สเต็ก
daging panggang

一人で 400 グラムの ステーキを 食べました。
ひとり　　よんひゃく　　　　　　　　　　た

กินสเต็ก 400 กรัมคนเดียว
Saya makan daging panggang 400 gram sendirian.

---

**309** ハンバーグ

名　สเต็กแฮมเบิร์ก
bistik hamburger

とうふの ハンバーグは 体に いいです。
からだ

สเต็กแฮมเบิร์กเต้าหู้ดีต่อร่างกาย
Bistik hamburger tahu baik untuk tubuh.

➕ ハンバーガー แฮมเบอร์เกอร์ / hamburger

---

**310** サラダ

名　สลัด
selada

毎日、たくさん サラダを 食べて います。
まいにち　　　　　　　　　　　　た

กินสลัดเยอะทุกวัน
Saya setiap hari makan banyak selada.

---

**311** ケーキ

名　เค้ก
kue

毎日、 3時に ケーキを 食べます。
まいにち　　じ　　　　　　　　た

กินเค้กตอน 3 โมงทุกวัน
Saya makan kue setiap hari jam 3.

➕ クッキー คุกกี้ / kue kering・キャンディ ลูกอม / permen

**312 メニュー**

今日の 晩ごはんの メニューは 何ですか。
(きょう) (ばん) (なん)

名 เมนู
menu

เมนูอาหารเย็นวันนี้คืออะไร
Apa menu makan malam hari ini?

---

**313 食べ放題**
(た) (ほうだい)

あの 店は 2000円で 食べ放題です。
(みせ) (にせんえん) (た) (ほうだい)

名 บุฟเฟ่ต์ของกิน กินไม่อั้น
makan sepuasnya

ร้านนั้นบุฟเฟ่ต์ของกินราคา 2,000 เยน
Makan sepuasnya di warung itu 2000 yen.

➕ 飲み放題 บุฟเฟ่ต์เครื่องดื่ม ดื่มไม่อั้น / minum sepuasnya
(の) (ほうだい)

---

**314 注文〈する〉**
(ちゅうもん)

肉料理を たくさん 注文しました。
(にくりょうり) (ちゅうもん)

名 การสั่ง
memesan

สั่งอาหารจำพวกเนื้อมาเยอะ
Saya memesan banyak makanan dari daging.

---

**315 ごちそう〈する〉**

たんじょう日に 友だちが ごちそうして
(び) (とも)
くれました。

名 การเลี้ยงอาหาร
menjamu makanan

เพื่อนเลี้ยงอาหารในวันเกิด
Teman saya menjamu makanan saya pada waktu ulang tahun saya.

---

**316 アルコール**

アルコールは 飲めないので、ウーロン茶に
(の) (ちゃ)
します。

名 เครื่องดื่มที่มี
แอลกอฮอล์
alkohol

ขอเป็นชาอูหลง เพราะดื่มเครื่องดื่มที่มีแอลกอฮอล์ ไม่ได้
Karena saya tidak bisa minum alkohol, saya memilih teh oolong.

➕ ワイン ไวน์ / rminuman anggur・ウイスキー วิสกี้ / wiski・
サワー ค็อกเทล (เครื่องดื่มที่ผสมเหล้า น้ำผลไม้ และโชดาเข้าด้วยกัน) / koktail

---

**317 かんぱい〈する〉**

ビールで かんぱいしましょう。

名 การดื่มฉลอง
การชนแก้วฉลอง
bersulang

เอาเบียร์มาชนแก้วกัน
Mari bersulang dengan bir.

---

**318 酔う**
(よ)

ワインを 飲みすぎて、酔って しまいました。
(の) (よ)

動 เมา
mabuk

ดื่มไวน์มากเกินไป เลยเมาชะแล้ว
Karena kebanyakan minum minuman anggur jadi mabuk.

➕ 酔っぱらう เมาเหล้า / mabuk (minuman beralkohol)・

酔っぱらい คนเมา / mabuk (minuman beralkohol)

👉 酔っぱらう ใช้กับคนที่เมาจากการดื่มเหล้ามากเท่านั้น ส่วน 酔う สามารถ
ใช้กับอาการเมารถหรือเมาเรือได้

酔っぱらう hanya digunakan ketika seseorang kebanyakan minum minuman
beralkohol, 酔う juga digunakan ketika mual ketika naik kendaraan.

| 319 ☐ | しょうゆ | この 料理には しょうゆを 使います。 |
|---|---|---|
| 名 | **โชยุ ซอสถั่วเหลือง**<br>**kecap asin** | ในอาหารจานนี้ใช้โชยุ<br>Masakan ini menggunakan kecap asin. |

➕ こしょう พริกไทย / merica・みそ เต้าเจี้ยวญี่ปุ่น / bumbu berupa pasta dari kedelai

| 320 ☐ | ソース | この 料理には ソースが 合います。 |
|---|---|---|
| 名 | **ซอส**<br>**saus** | อาหารจานนี้เข้ากันได้ดีกับซอส<br>Masakan ini cocok dengan saus. |

| 321 ☐ | (しょうゆを)<br>つける | これは しょうゆを つけると、おいしいです。 |
|---|---|---|
| 動 | **ใส่ (โชยุ)**<br>**menuang kecap asin**<br>**pada makanan** | จานนี้ถ้าใส่โชยุแล้วจะอร่อย<br>Ini akan enak jika dituangi kecap asin. |

➕ (よごれが) つく (คราบสกปรก) ติด เลอะ เกาะ / kotoran menempel

| 322 ☐ | 味 | 私は この 店の 味が 大好きです。 |
|---|---|---|
| 名 | **รสชาติ**<br>**cita rasa** | ฉันชอบรสชาติของร้านนี้มาก<br>Saya sangat suka cita rasa warung ini. |

➕ 味がする มีรสชาติ / terasa

| 323 ☐ | (味が) うすい | 今日の みそしるは ちょっと うすいです。 |
|---|---|---|
| イ形 | **(รสชาติ) อ่อน จืด จาง**<br>**rasanya hambar** | ซุปเต้าเจี้ยววันนี้จืดไปนิด<br>Sup miso hari ini rasanya agak hambar. |

👉 สามารถใช้ได้ทั้งเรื่องรสชาติและสีสัน
Kata ini bukan hanya untuk rasa, bisa juga digunakan untuk warna.

| 324 ☐ | (味が) こい<br><small>あじ</small> | 私は こい お茶が 好きです。<br><small>わたし　　　　　ちゃ　　す</small> |
|---|---|---|
| **イ形** | **(รสชาติ) เข้ม จัด**<br>**(rasanya) kental, pekat** | ฉันชอบชาเข้ม ๆ<br>Saya suka teh yang kental. |

| 325 ☐ | にがい | ビールは にがいので、あまり 飲みません。<br><small>　　　　　　　　　　　　　　　　　の</small> |
|---|---|---|
| **イ形** | **ขม**<br>**pahit** | ไม่ค่อยดื่มเบียร์เพราะขม<br>Karena bir pahit, saya jarang minum (bir). |

| 326 ☐ | におい | 台所から いい においが して きました。<br><small>だいどころ</small> |
|---|---|---|
| **名** | **กลิ่น**<br>**bau** | กลิ่นหอมโชยมาจากห้องครัว<br>Tercium bau harum dari dapur. |

| 327 ☐ | かむ | 食事は よく かんで、食べましょう。<br><small>しょく じ　　　　　　　　　た</small> |
|---|---|---|
| **動** | **เคี้ยว**<br>**mengunyah** | กินอาหารโดยเคี้ยวให้ละเอียดกันเถอะ<br>Mari mengunyah dengan baik ketika makan. |

➕ ガムをかむ เคี้ยวหมากฝรั่ง / mengunyah permen karet

| 328 ☐ | 量<br><small>りょう</small> | この 店の スパゲッティは 量が 多いです。<br><small>みせ　　　　　　　　　りょう　おお</small> |
|---|---|---|
| **名** | **ปริมาณ จำนวน**<br>**jumlah** | สปาเกตตีร้านนี้ (ปริมาณ) เยอะ<br>Jumlah (seporsi) spageti di warung ini banyak. |

| 329 ☐ | 残す<br><small>のこ</small> | ごはんを 少し 残しました。<br><small>　　　　すこ　のこ</small> |
|---|---|---|
| **動** | **เหลือ...**<br>**menyisakan** | เหลือข้าวนิดหน่อย<br>Saya menyisakan nasi sedikit. |

| 330 ☐ | 残る<br><small>のこ</small> | 料理が 残ったら、明日 食べましょう。<br><small>りょうり　のこ　　　　あした　た</small> |
|---|---|---|
| **動** | **...เหลือ ทิ้งไว้**<br>**tersisa** | ถ้าอาหารเหลือก็กินพรุ่งนี้กันเถอะ<br>Jika masakannya tersisa, mari kita makan besok! |

| 331 ☐ | チャレンジ〈する〉 | タイ料理に チャレンジして みます。<br><small>りょう り</small> |
|---|---|---|
| **名** | **การท้าทาย การทดลอง**<br>**mencoba** | จะลองกินอาหารไทยดู<br>Saya ingin mencoba masakan Thailand. |

# 料理〜作る
りょうり　　つく

## อาหาร - การปรุง / Masakan 〜 Memasak

| 332 | 材料<br>ざいりょう | れいぞう庫の 材料で 料理を 作ります。<br>こ　ざいりょう　りょうり　つく |
|---|---|---|
| 名 | วัตถุดิบ<br>bahan | จะทำอาหารด้วยวัตถุดิบในตู้เย็น<br>Saya memasak masakan dengan bahan yang ada di kulkas. |

| 333 | 半分<br>はんぶん | トマトを 半分に 切って ください。<br>はんぶん　き |
|---|---|---|
| 名 | ครึ่ง<br>separuh | กรุณาหั่นครึ่งมะเขือเทศ<br>Potonglah tomat menjadi dua! |

| 334 | はかる | スプーンで しおと さとうを はかります。 |
|---|---|---|
| 動 | ชั่ง วัด<br>mengukur/menimbang | กะ (ปริมาณ) เกลือกับน้ำตาลด้วยช้อน<br>Saya mengukur garam dan gula dengan sendok makan. |

| 335 | まぜる | 肉と たまねぎを よく まぜて ください。<br>にく |
|---|---|---|
| 動 | ผสม<br>mencampur | กรุณาผสมเนื้อกับหัวหอมใหญ่ให้เข้ากัน<br>Campurlah dengan rata daging dan bawang bombainya! |

| 336 | 道具<br>どうぐ | 台所の 便利な 道具を 買いました。<br>だいどころ　べんり　どうぐ　か |
|---|---|---|
| 名 | อุปกรณ์ เครื่องมือ<br>peralatan | ซื้ออุปกรณ์ที่สะดวกสบายสำหรับห้องครัวมา<br>Saya membeli peralatan yang praktis untuk dapur. |

| 337 | なべ | なべに 水を 入れて ください。<br>みず　い |
|---|---|---|
| 名 | หม้อ<br>panci besar | กรุณาใส่น้ำลงในหม้อ<br>Masukkan air ke dalam panci! |

➕ フライパン กระทะสำหรับผัด / penggorengan

| 338 | ふた | この びんの ふたは どこに ありますか。 |
|---|---|---|
| 名 | ฝา<br>tutup | ฝาขวดใบนี้อยู่ที่ไหน<br>Tutup botol kaca ini ada di mana? |

**339** [お] 皿
さら

名 จาน
piring

この 料理には 白い 皿を 使いましょう。
りょうり　　しろ　さら　つか

อาหารจานนี้ใช้จานสีขาวเถอะ
Mari kita pakai piring yang putih untuk makanan ini.

**340** ちゃわん

名 ชาม
cangkir/cawan

この 大きい ちゃわんは だれのですか。
おお

ชามใบใหญ่ใบนี้เป็นของใคร
Cawan besar ini punya siapa?

**341** 用意〈する〉
ようい

名 การจัดเตรียม
menyiapkan

大きい お皿を 用意して ください。
おお　　さら　ようい

ช่วยเตรียมจานใบใหญ่ให้ด้วย
Siapkan piring yang besar!

**342** 並ぶ
なら

動 ต่อแถว เรียงแถว
berjajar antre, berbaris

ラーメン屋に たくさんの 人が 並んで います。
や　　　　　　ひと　なら

คนจำนวนมากต่อแถวอยู่ที่ร้านราเมน
Banyak yang berjajar antre di warung mie ramen.

**343** 並べる
なら

動 เรียง จัด
menata

テーブルに 料理を 並べました。
りょうり　なら

จัดอาหารที่โต๊ะแล้ว
Saya menata makanan di meja.

**344** 火
ひ

名 ไฟ
api

火が 強いので、少し 弱くして ください。
ひ　つよ　　　すこ　よわ

ไฟแรง กรุณาหรี่ไฟลงหน่อย
Karena apinya besar, tolong kecilkan apinya!

➕ 強火 ไฟแรง / api besar・中火 ไฟกลาง / api sedang・弱火 ไฟอ่อน / api kecil
つよび　　　　　　　　　ちゅうび　　　　　　　　　よわび

**345** 焼く
や

動 ปิ้ง ย่าง
memanggang

魚を 10分くらい 焼きます。
さかな　じゅっぷん　や

ย่างปลาประมาณ 10 นาที
Memanggang ikan kurang lebih 10 menit.

**346** 焼ける
や

動 สุก
terpanggang

もうすぐ パンが 焼けます。
や

ขนมปังใกล้จะสุกแล้ว
Sebentar lagi rotinya jadi (terpanggang sempurna).

**347** やかん

名 กาต้มน้ำ
cerek

やかんに 水が 入って いますか。
みず　はい

ในกาต้มน้ำมีน้ำอยู่ไหม
Apakah cereknya berisi air?

| 348 | わかす | やかんで おゆを わかしましょう。 |
|---|---|---|
| 動 | ต้ม<br>merebus, mendidihkan air | ใช้กาต้มน้ำร้อนกันเถอะ<br>Mari merebus air menggunakan cerek. |

➕ (〜が) わく ...เดือด / mendidih

| 349 | 温める<br>あたた | この スープを 温めて ください。<br>あたた |
|---|---|---|
| 動 | อุ่น...<br>menghangatkan | ช่วยอุ่นซุปนี้ด้วย<br>Hangatkan sup ini! |

➕ (〜が) 温まる ...อุ่น / menjadi hangat<br>あたた

| 350 | 冷やす<br>ひ | これを れいぞう庫で 30分 冷やします。<br>こ　　さんじゅっぷん ひ |
|---|---|---|
| 動 | แช่เย็น ทำให้เย็น<br>mendinginkan | แช่อันนี้ในตู้เย็น 30 นาที<br>Dinginkan ini di kulkas selama 30 menit! |

| 351 | (お茶を)入れる<br>ちゃ い | お茶を 入れましょうか。<br>ちゃ い |
|---|---|---|
| 動 | ชง (ชา)<br>membuat teh | ชงชาให้ไหม<br>Bagaimana kalau saya buatkan teh. |

| 352 | くさる | れいぞう庫の 中の 肉が くさって しまいました。<br>こ　なか　にく |
|---|---|---|
| 動 | เน่า บูด<br>membusuk | เนื้อในตู้เย็นเน่าแล้ว<br>Daging di dalam kulkas membusuk. |

| 353 | すてる | この 野菜は すてないで ください。<br>やさい |
|---|---|---|
| 動 | ทิ้ง<br>membuang | กรุณาอย่าทิ้งผักนี้<br>Jangan buang sayuran ini! |

| 354 | [お] 米<br>こめ | パンより 米が 好きです。<br>こめ す |
|---|---|---|
| 名 | ข้าว<br>beras | ชอบข้าวมากกว่าขนมปัง<br>Saya lebih suka beras dari pada roti. |

➕ 麦 ข้าวบาร์เลย์ / gandum<br>むぎ

| 355 | [お] べんとう | 毎日、自分で おべんとうを 作って います。<br>まいにち じぶん つく |
|---|---|---|
| 名 | ข้าวกล่อง<br>bekal makanan | ทำข้าวกล่องเองทุกวัน<br>Saya membuat bekal makanan sendiri setiap hari. |

**356** おかず

今日の <u>おかず</u> は 天ぷらです。
きょう　　　　　　　てん

名 **กับข้าว เครื่องเคียง**
**lauk**

เครื่องเคียงวันนี้คือเทมปุระ
Lauk hari ini adalah gorengan.

**357** インスタント食品
　　　　　　　しょくひん

私は <u>インスタント食品</u> を よく 食べます。
わたし　　　　　　しょくひん　　　　　た

名 **อาหารสำเร็จรูป**
**makanan cepat saji**

ฉันกินอาหารสำเร็จรูปบ่อย ๆ
Saya sering makan makanan cepat saji.

➕ インスタントラーメン ราเมนสำเร็จรูป / mi instan・インスタントコーヒー
กาแฟสำเร็จรูป / kopi instan・カップラーメン ราเมนชนิดถ้วย / mi gelas

**358** かんづめ

<u>かんづめ</u> は 料理に 便利です。
りょうり　　べんり

名 **อาหารกระป๋อง**
**makanan kalengan**

อาหารกระป๋องสะดวกสำหรับการทำอาหาร
Makanan kalengan praktis untuk memasak.

**359** 家事
　　　　か じ

<u>家事</u>の 中で 料理が いちばん 好きです。
か じ　　なか　りょうり　　　　　　す

名 **งานบ้าน**
**pekerjaan rumah**
**tangga**

ในบรรดางานบ้าน ชอบการทำอาหารที่สุด
Di antara pekerjaan rumah tangga saya paling suka
memasak.

**360** ねだん

名 ราคา
harga

ねだんを 見てから、くつを 買います。
み　　　　　　　　　か

จะซื้อรองเท้าหลังจากดูราคาแล้ว
Saya membeli sepatu setelah melihat harganya.

---

**361** 上がる
あ

動 ...ขึ้น
naik

食料品の ねだんが 上がりました。
しょくりょうひん　　　　　　　　あ

ราคาของกินขึ้น
Harga bahan makanan naik.

⬌ 下がる
さ

---

**362** バーゲン

名 การต่อรอง การลดราคา
obral barang

明日から 夏の バーゲンが 始まります。
あした　　　なつ　　　　　　　　　はじ

การลดราคาหน้าร้อนจะเริ่มตั้งแต่วันพรุ่งนี้
Obral barang musim panas dimulai besok.

🟰 セール・バーゲンセール

---

**363** 割引
わりびき

名 ส่วนลด
diskon

この レストランは 学生の 割引が あります。
がくせい　　　わりびき

ร้านอาหารร้านนี้มีส่วนลดสำหรับนักเรียน
Restoran ini memilki harga diskon untuk siswa.

➕ 学生割引 ส่วนลดนักเรียน / diskon untuk siswa・割り引く ลดราคา / memberi diskon
がくせいわりびき　　　　　　　　　　　　　　　　　　　　　　わ　び

---

**364** 無料
むりょう

名 ฟรี ไม่เสียค่าใช้จ่าย
gratis

この 雑誌は 無料です。
ざっし　　　むりょう

นิตยสารเล่มนี้ฟรี
Majalah ini gratis.

🟰 タダ （ใช้ในบทสนทนาเป็นหลัก / Sering dipakai dalam percakapan.）

---

**365** 有料
ゆうりょう

名 เสียค่าใช้จ่าย
berbayar

この トイレは 有料です。
ゆうりょう

ห้องน้ำนี้เสียเงิน
Toilet ini berbayar.

**366** さいふ

さいふを 家に わすれて きました。
いえ

名 กระเป๋าสตางค์
dompet

ลืมกระเป๋าสตางค์ไว้ที่บ้าน
Dompet saya ketinggalan di rumah.

**367** レジ

レジの 前に 10人くらい 並んでいます。
まえ じゅうにん なら

名 แคชเชียร์
kasir

ต่อแถวกันอยู่หน้าแคชเชียร์ประมาณ 10 คน
10 orang berjajar antre di kasir.

**368** 計算〈する〉
けいさん

計算するのに、時間が かかります。
けいさん じかん

名 การคำนวณ
mengkalkulasi

ระหว่างที่คำนวณอาจจะใช้เวลา
Perlu waktu untuk mengkalkulasi.

**369** 店員
てんいん

この スーパーの 店員は 親切です。
てんいん しんせつ

名 พนักงานร้าน
pelayan toko,
pramuniaga

พนักงานซูเปอร์มาร์เก็ตนี้ใจดี
Pramuniaga supermarket ini ramah-ramah.

➕ 係員 เจ้าหน้าที่ เสมียน / petugas berwenang
かかりいん

**370** 数える
かぞ

バナナが 何本 あるか、数えて ください。
なんぼん かぞ

動 นับ
menghitung

ช่วยนับทีว่ามีกล้วยกี่ลูก
Tolong hitung ada berapa buah pisangnya!

**371** 払う
はら

どこで お金を 払ったら いいですか。
かね はら

動 จ่าย
membayar

จ่ายเงินที่ไหนดี
Sebaiknya membayar di mana?

**372** サイン〈する〉

こちらに サインを おねがいします。

名 การลงชื่อ การเซ็นชื่อ
menandatangani

รบกวนลงชื่อตรงนี้
Mohon tanda tangan di sini.

**373** 足りる
た

お金が ちょっと 足りません。
かね た

動 เพียงพอ
cukup

เงินไม่ค่อยพอ
Uangnya tidak cukup.

**374** [お] つり

おつりを もらうのを わすれました。

名 **เงินทอน**
**uang kembalian**

ลืมรับเงินทอน
Saya lupa menerima uang kembalian.

**375** レシート

買い物のとき、レシートを もらいます。

名 **ใบเสร็จ**
**setruk pembayaran**

เวลาซื้อของจะได้รับใบเสร็จ
Kita menerima setruk pembayaran ketika berbelanja.

**376** りょうしゅう書

レストランで りょうしゅう書を もらいました。

名 **ใบเสร็จรับเงิน**
**kuitansi**

ได้รับใบเสร็จรับเงินจากร้านอาหาร
Saya menerima kuitansi di restoran.

**377** ふくろ

いつも ふくろを 持って、買い物に 行きます。

名 **ถุง**
**kantong/wadah**

จะพกถุงไปซื้อของเสมอ
Saya selalu pergi berbelanja dengan membawa kantong
wadah.

➕ ビニールぶくろ ถุงพลาสติก / kantong plastik・

買い物ぶくろ ถุงช็อปปิ้ง / kantong belanja

**378** 取りかえる

くつを 取りかえて もらいました。

動 **เปลี่ยน**
**mengganti**

ขอให้เปลี่ยนรองเท้าให้
Sepatu saya diganti.

**379** さがす

ピンクの セーターを ずっと さがして います。

動 **หา**
**mencari**

หาสเวตเตอร์สีชมพูมาตั้งนาน
Saya mencari-cari baju sweter warna merah muda.

**380** えらぶ

プレゼントを えらぶのは とても 楽しいです。

動 **เลือก**
**memilih**

การเลือกของขวัญสนุกมาก
Memilih hadiah sangat menyenangkan.

**381** 包む

この シャツを 包んで ください。

動 **ห่อ**
**membungkus**

กรุณาห่อเสื้อเชิ้ตตัวนี้ด้วย
Tolong bungkus kemeja ini!

**382**
（お金を）下ろす
（かね）（お）

動 ถอน (เงิน)
tarik tunai uang

銀行で お金を 下ろします。
ぎんこう　　かね　　お

ถอนเงินที่ธนาคาร
Saya melakukan tarik tunai uang di bank.

---

**383**
売れる
う

動 ขาย (ดี)
terjual

ここの パンは とても 売れて います。
う

ขนมปังของที่นี่ขายดีมาก
Roti ini sangat laku terjual.

➕ 売る ขาย / menjual
う

---

**384**
食料品
しょくりょうひん

名 ผลิตภัณฑ์อาหาร
bahan makanan

この 店の 食料品は 安いです。
みせ　　しょくりょうひん　　やす

ผลิตภัณฑ์อาหารของร้านนี้ถูก
Bahan makanan di toko ini murah.

---

**385**
おもちゃ

名 ของเล่น
mainan

おもちゃ売り場は 5階です。
う　ば　　　かい

แผนกของเล่นอยู่ชั้น 5
Tempat penjualan mainan di lantai 5.

➕ 人形 ตุ๊กตา / boneka
にんぎょう

---

**386**
パンフレット

名 แผ่นพับ
pamflet/selebaran

パンフレットを 読んでから、パソコンを
よ
買います。
か

จะซื้อคอมพิวเตอร์หลังจากอ่านแผ่นพับแล้ว
Saya membeli komputer setelah membaca selebaran.

---

**387**
日本製
にほんせい

名 ผลิตในญี่ปุ่น
buatan Jepang

これは 日本製の テレビです。
にほんせい

นี่เป็นโทรทัศน์ที่ผลิตในญี่ปุ่น
Ini televisi buatan Jepang.

➕ 外国製 ผลิตในต่างประเทศ / buatan luar negeri・イタリア製 ผลิตในอิตาลี /
がいこくせい　　　　　　　　　　　　　　　　　　　　　　　　せい
buatan Italia・アメリカ製 ผลิตในสหรัฐอเมริกา / buatan Amerika
せい

---

**388**
本物
ほんもの

名 ของจริง ของแท้
barang asli

これが 本物なら、高くても 買いたいです。
ほんもの　　たか　　か

ถ้าอันนี้เป็นของแท้ ถึงจะแพงก็อยากซื้อ
Kalau ini barang asli, mahal pun saya ingin membelinya.

↔ にせ物
もの

# Section 5

## 場所
### ばしょ

### สถานที่ / Tempat

---

**389** 場所
ばしょ

名 สถานที่
tempat

行って みたい 場所が たくさん あります。
い　　　　　　ばしょ

สถานที่ที่อยากจะลองไปมีอยู่หลายแห่ง
Banyak tempat yang ingin coba saya kunjungi.

■ ところ

---

**390** 駅前
えきまえ

名 หน้าสถานี
di depan stasiun

駅前に 新しい スーパーが できました。
えきまえ　あたら

ซูเปอร์มาร์เกตเปิดใหม่อยู่ที่หน้าสถานี
Supermarket baru di depan stasiun sudah jadi.

---

**391** 交番
こうばん

名 ป้อมตำรวจ
pos polisi

駅前の 交番で 道を 聞きました。
えきまえ　こうばん　みち　き

ถามทางที่ป้อมตำรวจหน้าสถานี
Saya bertanya jalan di pos polisi di depan stasiun.

---

**392** 市役所
しやくしょ

名 ที่ว่าการจังหวัด
kantor pemerintah kota

駅から 市役所まで バスが あります。
えき　しやくしょ

มีรถบัสจากสถานีไปที่ว่าการจังหวัด
Ada bus dari depan stasiun sampai kantor pemerintah
kota.

✚ 区役所 ที่ว่าการเขต / kantor pemerintah wilayah
くやくしょ

---

**393** バス停
てい

名 ป้ายรถเมล์
halte bus

うちの すぐ 近くに バス停が あります。
ちか　　　てい

มีป้ายรถเมล์ใกล้ ๆ บ้าน
Ada halte bus di dekat rumah.

---

**394** 広場
ひろば

名 ลานกว้าง
lapangan

子どもたちと 広場で 遊びましょう。
こ　　　　ひろば　あそ

เล่นกับพวกเด็ก ๆ ที่ลานกว้างกันเถอะ
Mari bermain bersama anak-anak di lapangan.

---

**395** 城
しろ

名 ปราสาท
kastil

この 城は 450 年前に 建てられました。
しろ　よんひゃくごじゅう ねんまえ　た

ปราสาทหลังนี้ถูกสร้างขึ้นเมื่อ 450 ปีก่อน
Kastil ini dibangun 450 tahun yang lalu.

**396** 神社
じんじゃ

名 ศาลเจ้า
kuil Shinto

お正月に 友だちと 神社へ 行きました。
しょうがつ　　とも　　　じんじゃ　　い

ไปศาลเจ้ากับเพื่อนในวันขึ้นปีใหม่
Saya pergi ke kuil Shinto bersama teman pada waktu tahun baru.

➕ 寺 วัด / kuil Budha
てら

**397** 教会
きょうかい

名 โบสถ์
gereja

近所に 古い 教会が あります。
きんじょ　ふる　きょうかい

มีโบสถ์เก่าแก่อยู่แถวบ้าน
Di dekat rumah saya ada gereja tua.

**398** 港
みなと

名 ท่าเรือ
pelabuhan

ときどき 港まで 散歩します。
　　　みなと　　さんぽ

บางครั้งจะเดินเล่นไปจนถึงท่าเรือ
Kadang-kadang saya berjalan-jalan sampai pelabuhan.

👉 ชื่อของท่าเรือต่าง ๆ จะอ่านว่า ○○こう เช่น よこはま港 (ท่าเรือโยโกฮาม่า)
Nama pelabuhan seperti よこはま港 /Pelabuhan Yokohama dibaca menjadi ○○こう.

**399** 動物園
どうぶつえん

名 สวนสัตว์
kebun binatang

動物園へ パンダを 見に 行きます。
どうぶつえん　　　　　み　い

จะไปดูแพนด้าที่สวนสัตว์
Saya pergi ke kebun binatang untuk melihat panda.

**400** 美術館
びじゅつかん

名 หอศิลป์
galeri kesenian

休みの日に よく 美術館へ 行きます。
やす　ひ　　　　びじゅつかん　い

มักจะไปหอศิลป์ในวันหยุด
Pada hari libur saya sering pergi ke galeri kesenian.

➕ てんらん会 นิทรรศการ / pameran
かい

**401** 遊園地
ゆうえんち

名 สวนสนุก
taman bermain

日曜日に 家族で 遊園地に 行きます。
にちようび　かぞく　ゆうえんち　い

จะไปสวนสนุกกับครอบครัวในวันอาทิตย์
Pada hari Minggu saya sekeluarga pergi ke taman bermain.

**402** スキー場
じょう

名 ลานสกี
tempat ski

あと1時間で スキー場に 着きます。
　　じかん　　　　じょう　つ

จะถึงลานสกีในอีก 1 ชั่วโมง
Satu jam lagi akan sampai di tempat ski.

**403** 温泉
おんせん

名 บ่อน้ำพุร้อน ออนเซน
pemandian air panas

日本には たくさんの 温泉が あります。
に ほん　　　　　　　　　　おんせん

ที่ญี่ปุ่นมีบ่อน้ำพุร้อนมากมาย
Di Jepang banyak pemandian air panas.

**404** 駐車場
ちゅうしゃじょう

名 ที่จอดรถ
tempat parkir

マンションに 広い 駐車場が あります。
　　　　　　　　ひろ　 ちゅうしゃじょう

ที่แมนชั่นมีที่จอดรถกว้างขวาง
Di apartemen ada tempat parkir yang luas.

➕ 駐車 〈する〉 จอดรถ / memarkir・駐車禁止 ห้ามจอดรถ / dilarang parkir
ちゅうしゃ　　　　　　　　　　　　　　　ちゅうしゃきんし

**405** 屋上
おくじょう

名 ดาดฟ้า
atas atap

この ビルの 屋上には 出られません。
　　　　　　 おくじょう　　で

ดาดฟ้าของตึกนี้ออกไปไม่ได้
Tidak bisa keluar di atas atap gedung ini.

**406** 地下
ち か

名 ใต้ดิน
bawah tanah

デパートの 地下で ケーキを 買います。
　　　　　　ち か　　　　　　　　か

จะซื้อเค้กที่ชั้นใต้ดินของห้างสรรพสินค้า
Saya membeli kue di departemen store di bawah tanah.

**407** いなか

名 ต่างจังหวัด ชนบท
desa, pedesaan

いなかに 住みたいです。
　　　　　す

อยากอยู่อาศัยที่ต่างจังหวัด
Saya ingin tinggal di pedesaan.

**408** 郊外
こうがい

名 ชานเมือง
pinggiran kota

去年、東京の 郊外に ひっこしました。
きょねん とうきょう こうがい

ย้ายมาที่ชานเมืองโตเกียวเมื่อปีที่แล้ว
Tahun lalu saya pindah ke pinggiran kota Tokyo.

**409** 方言
ほうげん

名 ภาษาถิ่น
dialek

私の いなかには 方言が あります。
わたし　　　　　　 ほうげん

ที่ต่างจังหวัดบ้านฉันมีภาษาถิ่น
Di desa saya ada dialek.

➕ 関西弁 ภาษาถิ่นคันไซ / dialek Kansai・東北弁 ภาษาถิ่นโทโฮกุ / dialek Tohoku
かんさいべん　　　　　　　　　　　　　　とうほくべん

**410** 禁煙 〈する〉
きんえん

名 การห้ามสูบบุหรี่
dilarang merokok

ここは 禁煙ですから、あちらで どうぞ。
　　　　 きんえん

ตรงนี้ห้ามสูบบุหรี่ เชิญทางโน้น
Karena di sini dilarang merokok, silakan di sana.

↔ きつ煙 〈する〉
えん

**411** 立入禁止
たちいりきんし

名 ห้ามเข้า
dilarang masuk

ここは 立入禁止 です。
たちいりきんし

ที่นี่ห้ามเข้า
Dilarang masuk ke sini.

➕ 使用禁止 ห้ามใช้ / dilarang pakai
しようきんし

**412** 通り
とお

名 ถนน
jalan

ここが 町で いちばん 広い 通りです。
まち　　　　　　　　ひろ　　とお

ตรงนี้เป็นถนนที่กว้างที่สุดในเมือง
Di sini adalah jalan paling luas di kota.

➕ 道 ถนน / jalan
みち

**413** 右側
みぎがわ

名 ฝั่งขวา
sebelah kanan

この 道の 右側に 銀行が あります。
みち　みぎがわ　　ぎんこう

มีธนาคารอยู่ฝั่งขวาของถนนเส้นนี้
Ada bank di sebelah kanan jalan ini.

↔ 左側
ひだりがわ

**414** 間
あいだ

名 ระหว่าง
antara

花屋と 本屋の 間に カフェが あります。
はなや　ほんや　あいだ

มีคาเฟ่อยู่ระหว่างร้านดอกไม้กับร้านหนังสือ
Ada kafe di antara toko bunga dan toko buku.

**415** 真ん中
ま　なか

名 ตรงกลาง ใจกลาง
di tengah-tengah

町の 真ん中に 大きい 公園が あります。
まち　ま　なか　おお　こうえん

มีสวนสาธารณะใหญ่อยู่ใจกลางเมือง
Di tengah-tengah kota ada taman yang besar.

**416** 向こう
む

名 อีกฝั่ง ฝั่งตรงข้าม
seberang

山の 向こうに ホテルが できました。
やま　む

โรงแรมเปิดใหม่ตั้งอยู่อีกฝั่งของภูเขา
Di seberang gunung ada hotel.

**417** たずねる

動 สอบถาม
bertanya

おばあさんに 道を たずねられました。
みち

คุณยายมาถามทาง
Saya ditanyai jalan oleh seorang nenek.

**418** 寄る
よ

動 แวะ
mampir

学校へ 行く 前に 銀行に 寄りました。
がっこう　い　まえ　ぎんこう　よ

แวะที่ธนาคารก่อนไปโรงเรียน
Sebelum pergi ke sekolah, saya mampir ke bank.

**419**

☐ （ビルが）できる

（ติก）เปิด สร้างเสร็จ
(Gedungnya) jadi,
rampung

駅の 前に 大きい ビルが <u>でき</u>ました。
えき　まえ　おお

ตึกใหญ่เปิดใหม่อยู่หน้าสถานี
Gedung di depan stasiun sudah jadi.

## これも おぼえよう！ ❶

 **動物** สิงสาราสัตว์ / Binatang

| ライオン | สิงโต / singa | トラ | เสือ / harimau |
|---|---|---|---|
| ゾウ | ช้าง / gajah | ゴリラ | กอริลลา / gorila |
| チンパンジー | ชิมแปนซี / simpanse | クマ | หมี / beruang |
| キリン | ยีราฟ / jerapah | ペンギン | เพนกวิน / penguin |
| ワニ | จระเข้ / buaya | イルカ | โลมา / lumba-lumba |

 **数えることば** คำศัพท์สำหรับการนับ / kata bantu bilangan

- 〜冊 ...เล่ม / -jilid 👉 หนังสือ / batang, botol
  1冊 いっさつ　2冊 にさつ　3冊 さんさつ　4冊 よんさつ　5冊 ごさつ

- 〜杯 ...แก้ว / -cangkir, -gelas 👉 เครื่องดื่มในแก้ว / minuman dalam gelas
  1杯 いっぱい　2杯 にはい　3杯 さんばい　4杯 よんはい　5杯 ごはい

- 〜匹 ...ตัว / -ekor 👉 สัตว์ (ขนาดเล็ก) / binatang
  1匹 いっぴき　2匹 にひき　3匹 さんびき　4匹 よんひき　5匹 ごひき

- 〜本 ...แท่ง / -batang 👉 สิ่งของที่มีลักษณะเรียวยาว รถไฟ (ขบวน) อีเมล (ฉบับ) / benda panjang, kereta, surel/email
  1本 いっぽん　2本 にほん　3本 さんぼん　4本 よんほん　5本 ごほん

- 〜番目 หมายเลข... / urutan ke- 👉 ลำดับหมายเลข / urutan angka
  1番目 いちばんめ　2番目 にばんめ　3番目 さんばんめ　4番目 よんばんめ　5番目 ごばんめ

- 〜軒 ...หลัง / -unit (bangunan) 👉 บ้าน ห้างร้าน / rumah, toko
  1軒 いっけん　2軒 にけん　3軒 さんげん　4軒 よんけん　5軒 ごけん

- 〜位 ที่... / urutan/urutan ke- 👉 อันดับในการแข่งขันหรือ การประกวด / urutan dalam pertandingan atau kontes
  1位 いちい　2位 にい　3位 さんい　4位 よんい　5位 ごい

84

# 日本の「47都道府県」と「大きな都市」

จังหวัดทั้ง 47 และเมืองใหญ่ของญี่ปุ่น /
Pembagian 47 provinsi di Jepang/Kota-kota besar

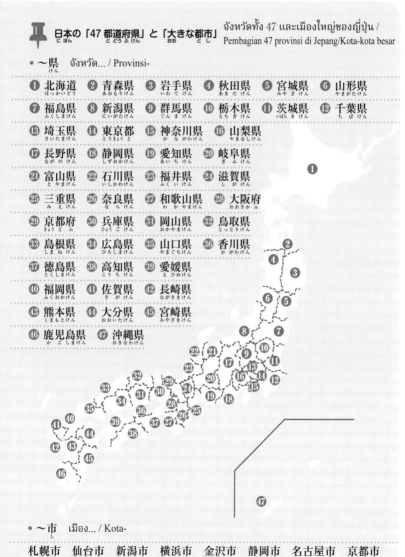

● ～県 จังหวัด... / Provinsi-

| | | | | | |
|---|---|---|---|---|---|
| ❶ 北海道 | ❷ 青森県 | ❸ 岩手県 | ❹ 秋田県 | ❺ 宮城県 | ❻ 山形県 |
| ❼ 福島県 | ❽ 新潟県 | ❾ 群馬県 | ❿ 栃木県 | ⓫ 茨城県 | ⓬ 千葉県 |
| ⓭ 埼玉県 | ⓮ 東京都 | ⓯ 神奈川県 | ⓰ 山梨県 | | |
| ⓱ 長野県 | ⓲ 静岡県 | ⓳ 愛知県 | ⓴ 岐阜県 | | |
| ㉑ 富山県 | ㉒ 石川県 | ㉓ 福井県 | ㉔ 滋賀県 | | |
| ㉕ 三重県 | ㉖ 奈良県 | ㉗ 和歌山県 | ㉘ 大阪府 | | |
| ㉙ 京都府 | ㉚ 兵庫県 | ㉛ 岡山県 | ㉜ 鳥取県 | | |
| ㉝ 島根県 | ㉞ 広島県 | ㉟ 山口県 | ㊱ 香川県 | | |
| ㊲ 徳島県 | ㊳ 高知県 | ㊴ 愛媛県 | | | |
| ㊵ 福岡県 | ㊶ 佐賀県 | ㊷ 長崎県 | | | |
| ㊸ 熊本県 | ㊹ 大分県 | ㊺ 宮崎県 | | | |
| ㊻ 鹿児島県 | ㊼ 沖縄県 | | | | |

● ～市 เมือง... / Kota-

| | | | | | | |
|---|---|---|---|---|---|---|
| 札幌市 | 仙台市 | 新潟市 | 横浜市 | 金沢市 | 静岡市 | 名古屋市 | 京都市 |
| 大阪市 | 神戸市 | 岡山市 | 広島市 | 福岡市 | 熊本市 | 長崎市 | |

85

# 出<sub>で</sub>かけよう！

### ออกไปสนุกกันเถอะ！
### Mari bepergian!

| | | 単語 No.<br>たんご |
|---|---|---|
| **1** | **天気**<br>てんき あากาศ / Cuaca | **420 〜 435** |
| **2** | **自然**<br>しぜん ธรรมชาติ / Alam | **436 〜 460** |
| **3** | **乗り物**<br>のもの ยานพาหนะ / Kendaraan | **461 〜 484** |
| **4** | **運転する**<br>うんてん ขับรถ / Menyetir | **485 〜 508** |
| **5** | **世界**<br>せかい โลก / Dunia | **509 〜 528** |

# 天気
てんき

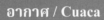

---

**420**
☐ 天気予報
てんきよほう

名 พยากรณ์อากาศ
prakiraan cuaca

毎朝、天気予報を チェックします。
まいあさ　てんきよほう

ตรวจสอบพยากรณ์อากาศทุกเช้า
Setiap hari saya mengecek prakiraan cuaca.

---

**421**
☐ 青空
あおぞら

名 ท้องฟ้าสีคราม
langit cerah, langit biru

今日は とても きれいな 青空です。
きょう　　　　　　　　　　　あおぞら

วันนี้ท้องฟ้าสีครามสวยงามมาก
Hari ini langit biru sangat indah.

---

**422**
☐ 晴れる
は

動 แจ่มใส
cuaca cerah

明日は 晴れるでしょう。
あした　は

พรุ่งนี้คงจะแจ่มใส
Besok mungkin cuaca cerah.

➕ 晴れ ท้องฟ้าปลอดโปร่ง / cuaca cerah
は

---

**423**
☐ くもり

名 มีเมฆมาก
berawan, mendung

今週は 毎日 くもりです。
こんしゅう　まいにち

อาทิตย์นี้จะมีเมฆมากทุกวัน
Minggu ini mendung setiap hari.

➕ くもる มืดครึ้ม / berawan, mendung

---

**424**
☐ 風
かぜ

名 ลม
angin

強い 風で 電車が 止まって しまいました。
つよ　かぜ　でんしゃ　と

รถไฟหยุดวิ่งเพราะลมแรง
Kereta berhenti karena angin kencang.

---

**425**
☐ 吹く
ふ

動 พัด
bertiup, berhembus

今日は とても 強い 風が 吹いて います。
きょう　　　　　つよ　かぜ　ふ

วันนี้ลมพัดแรงมาก
Hari ini angin bertiup sangat kencang.

---

**426**
☐ やむ

動 หยุด
reda, berhenti

雨は もうすぐ やむでしょう。
あめ

ฝนคงใกล้จะหยุดแล้ว
Hujan mungkin sebentar lagi reda.

---

**427** 台風
たいふう

大きい 台風が 来るかもしれません。
おお　　たいふう　　く

名 ใต้ฝุ่น
angin topan

ใต้ฝุ่นลูกใหญ่อาจจะกำลังมา
Mungkin akan terjadi angin topan yang besar.

**428** かみなり

私は かみなりが 大きらいです。
わたし　　　　　　　だい

名 ฟ้าร้อง
petir

ฉันเกลียดฟ้าร้องมาก
Saya sangat benci petir.

**429** レインコート

明日は レインコートを 着て、出かけます。
あした　　　　　　　　き　　で

名 เสื้อกันฝน
jas hujan

พรุ่งนี้จะใส่เสื้อกันฝนออกไปข้างนอก
Besok saya akan bepergian dengan memakai jas hujan.

➕ レインブーツ รองเท้าบูทกันฝน / sepatu lars anti hujan

**430** (かさを) さす

たくさんの 人が かさを さして います。
ひと

動 กาง (ร่ม)
memakai payung

ผู้คนกางร่มกันเยอะแยะเลย
Banyak orang memakai payung.

**431** ぬれる

かさが なくて、服が ぬれて しまいました。
ふく

動 เปียก
basah

ไม่มีร่ม เสื้อผ้าเลยเปียก (ฝน)
Baju saya basah karena tidak membawa payung.

➕ (〜を) ぬらす ทำให้เปียก / membasahi 〜

**432** 波
なみ

今日は 波が 高いです。
きょう　　なみ　　たか

名 คลื่น
ombak

วันนี้คลื่นสูง
Ombak hari ini tinggi.

**433** 気温
きおん

今日は 気温が 上がりそうです。
きょう　　きおん　　あ

名 อุณหภูมิ
suhu udara

วันนี้ดูท่าอุณหภูมิจะสูงขึ้น
Suhu udara hari ini sepertinya akan meningkat.

➕ 温度 อุณหภูมิ / suhu・湿度 ความชื้น / kelembaban
おんど　　　　　　　　　　しつど

**434** 冷える
ひ

ずっと 外に いたので、体が 冷えました。
そと　　　　　　　からだ　　ひ

動 เย็น หนาว
kedinginan

อยู่ข้างนอกตลอด ตัวก็เลยเย็น
Badan saya kedinginan karena berada di luar terus.

**435**

比べる
くら

動 เปรียบเทียบ
membandingkan

日本と 比べると、私の 国は とても 寒いです。
に ほん　 くら　　　　　わたし　 くに　　　　　　 さむ

พอเทียบกับญี่ปุ่นแล้ว ประเทศฉันหนาวมาก
Negara saya sangat dingin jika dibandingkan dengan
Jepang.

# 自然
### しぜん

| | | |
|---|---|---|
| **436** ☐ | 地震<br>じしん | きのうの 夜、小さな 地震が ありました。<br>よる　ちい　　　じしん |
| 名 | **แผ่นดินไหว**<br>gempa bumi | เมื่อคืนวานมีแผ่นดินไหวขนาดเล็ก<br>Kemarin malam ada gempa bumi kecil. |
| **437** ☐ | 津波<br>つなみ | 地震の ときは 津波が 心配です。<br>じしん　　　　　つなみ　しんぱい |
| 名 | **สึนามิ คลื่นยักษ์**<br>gelombang tsunami,<br>gelombang pasang yang<br>tinggi | เวลาเกิดแผ่นดินไหวจะกังวลเรื่องสึนามิ<br>Pada waktu gempa bumi, khawatir terjadi gelombang<br>tsunami. |
| **438** ☐ | 太陽<br>たいよう | 夏は 太陽が とても 高く なります。<br>なつ　たいよう　　　　　たか |
| 名 | **พระอาทิตย์**<br>matahari | ฤดูร้อนพระอาทิตย์จะอยู่สูงมาก<br>Pada musim panas, posisi matahari menjadi lebih tinggi. |
| **439** ☐ | 空<br>そら | 雲が ない きれいな 空です。<br>くも　　　　　　　　そら |
| 名 | **ท้องฟ้า**<br>langit | เป็นท้องฟ้าที่สวยงามปราศจากเมฆหมอก<br>Langit indah tanpa awan. |
| **440** ☐ | 月<br>つき | 今晩は 月が 明るく 見えます。<br>こんばん　つき　あか　　み |
| 名 | **พระจันทร์**<br>bulan | คืนนี้เห็นพระจันทร์สว่างไสว<br>Malam ini bulan terlihat lebih terang. |
| **441** ☐ | 星<br>ほし | 今夜は 星が たくさん 見えます。<br>こんや　ほし　　　　　　み |
| 名 | **ดวงดาว**<br>bintang | คืนนี้เห็นดวงดาวมากมาย<br>Malam ini terlihat banyak bintang. |
| **442** ☐ | 光る<br>ひか | 星が 光って、きれいです。<br>ほし　ひか |
| 動 | **ส่องแสง เป็นประกาย**<br>bersinar, bercahaya | ดวงดาวส่องประกายงดงาม<br>Bintang bersinar indah. |

➕ 光 แสงสว่าง / cahaya
ひかり

**443** □

宇宙
うちゅう

名 อวกาศ
luar angkasa

いつか 宇宙 に 行って みたいです。
　　　　うちゅう　　い

อยากลองไปอวกาศสักวันหนึ่ง
Suatu saat saya ingin mencoba pergi ke luar angkasa.

➕ 宇宙旅行 การท่องเที่ยวอวกาศ / wisata luar angkasa・
　　うちゅうりょこう
ロケット จรวด / roket・地球 โลกก / bumi
　　　　　　　　　　　　ちきゅう

**444** □

空気
くうき

名 อากาศ
udara

いなかは 空気 が とても おいしいです。
　　　　くうき

ต่างจังหวัดอากาศสดชื่นมาก
Udara di desa sangat segar.

**445** □

島
しま

名 เกาะ
pulau

日本には 6800 の 島 が あるそうです。
にほん　　ろくせんはっぴゃく　しま

ได้ยินว่าที่ญี่ปุ่นมี 6,800 เกาะ
Katanya terdapat 6.800 pulau di Jepang.

**446** □

海岸
かいがん

名 ชายหาด
pantai

この 町には きれいな 海岸 が あります。
　　まち　　　　　　　　かいがん

ที่เมืองนี้มีชายหาดสะอาด
Di kota ini terdapat pantai yang indah.

**447** □

林
はやし

名 ป่าไม้
hutan

林の 中に いろいろな 動物が います。
はやし　なか　　　　　　　　どうぶつ

ในป่าไม้มีสัตว์นานาชนิด
Ada berbagai binatang di tengah hutan.

➕ 森 ป่า / rimba
　もり

**448** □

湖
みずうみ

名 ทะเลสาบ
danau

公園に 大きい 湖 が あります。
こうえん　おお　　みずうみ

มีทะเลสาบขนาดใหญ่ที่สวนสาธารณะ
Di taman terdapat danau yang besar.

☞ ชื่อของทะเลสาบต่าง ๆ จะอ่านว่า ○○こ เช่น びわ湖 (ทะเลสาบบิวะ)
Nama danau dibaca ○○こ seperti びわ湖 /Biwako.

**449** □

池
いけ

名 สระน้ำ
kolam

むかし、よく この 池で 泳ぎました。
　　　　　　　　　　いけ　およ

สมัยก่อนว่ายน้ำที่สระน้ำแห่งนี้บ่อย
Dulu sering bererang di kolam ini.

## 450 虫
むし

名 แมลง
serangga

兄と よく 虫を とりに 行きました。
あに　　　　むし　　　　　い

ไปจับแมลงกับพี่ชายบ่อย ๆ

Saya dulu sering pergi mencari serangga dengan kakak
laki-laki saya.

## 451 鳥
とり

名 นก
burung

鳥の かわいい 声で 起きました。
とり　　　　　こえ　お

ตื่นนอนด้วยเสียงน่ารัก ๆ ของนก

Saya terbangun mendengar suara burung yang merdu.

➕ 小鳥 นกตัวเล็ก / burung kecil
ことり

## 452 季節
きせつ

名 ฤดูกาล
musim

私が いちばん 好きな 季節は 秋です。
わたし　　　　　す　　　　きせつ　あき

ฤดูที่ฉันชอบมากที่สุดคือฤดูใบไม้ร่วง

Musim yang paling saya suka adalah musim gugur.

➕ 春 ฤดูใบไม้ผลิ / musim semi・夏 ฤดูร้อน / musim panas・
はる　　　　　　　　　　　　　　　なつ

秋 ฤดูใบไม้ร่วง / musim gugur・冬 ฤดูหนาว / musim dingin
あき　　　　　　　　　　　　　　ふゆ

## 453 紅葉
こうよう

名 ใบไม้แดง ใบไม้เปลี่ยนสี
warna daun yang
memerah atau
menguning di musim
gugur, daun pohon mapel

もうすぐ 紅葉の 季節です。
こうよう　きせつ

ใกล้จะถึงฤดูใบไม้เปลี่ยนสีแล้ว

Sebentar lagi musim daun-daun menguning atau
memerah.

➕ 紅葉 ใบไม้เปลี่ยนสีในฤดูใบไม้ร่วง ใบเมเปิล / daun pohon mapel
もみじ

## 454 [お] 花見
はなみ

名 การชมดอกไม้
menikmati bunga

週末、お花見を するつもりです。
しゅうまつ　　はなみ

ตั้งใจว่าจะไปชมดอกไม้สุดสัปดาห์นี้

Akhir pekan ini, saya ingin menikmati bunga.

➕ さくら ดอกซากุระ / bunga sakura・うめ ดอกบ๊วย / bunga plum

## 455 咲く
さ

動 บาน
mekar

公園に 花が 咲いて います。
こうえん　はな　さ

ดอกไม้บานที่สวนสาธารณะ

Bunga mekar di taman.

| 456 葉 は | この 花の 葉は きれいです。<br>はな　は |
|---|---|
| 名 **ใบไม้**<br>**daun** | ใบของดอกไม้ชนิดนี้สวย<br>Daun bunga ini indah. |

**≡** 葉っぱ（มักใช้ในบทสนทนาเป็นหลัก / daun）

| 457 枝 えだ | 木の 枝に 鳥が 止まって います。<br>き　えだ　とり　と |
|---|---|
| 名 **กิ่งไม้**<br>**dahan** | นกเกาะอยู่ที่กิ่งไม้<br>Burung bertengger (hinggap) di dahan pohon. |

| 458 折れる お | 台風で 木が 折れて しまいました。<br>たいふう　き　お |
|---|---|
| 動 **...หัก**<br>**patah, tumbang** | ต้นไม้หักเพราะไต้ฝุ่น<br>Pohon tumbang akibat angin topan. |

| 459 折る お | さくらの 枝を 折っては いけません。<br>えだ　お |
|---|---|
| 動 **หัก...**<br>**mematahkan, memotel** | ห้ามหักกิ่งดอกซากุระ<br>Dilarang memotel dahan pohon sakura. |

| 460 植える う | 庭に さくらの 木を 植えました。<br>にわ　き　う |
|---|---|
| 動 **ปลูก**<br>**menanam** | ปลูกต้นซากุระในสวน<br>Saya menanam bunga sakura di halaman. |

# 乗り物
### の　もの

---

**461** 新幹線
しんかんせん

名 รถไฟชิงกันเซน
shinkansen, kereta
super cepat

大阪まで 新幹線で 2時間半くらいです。
おおさか　　しんかんせん　　じ かんはん

ใช้เวลาประมาณ 2 ชั่วโมงครึ่งถึงโอซาก้าด้วยรถไฟ
ชิงกันเซน
Sampai Osaka dengan shinkansen kira-kira 2,5 jam.

---

**462** 急行
きゅうこう

名 (รถไฟ) ด่วน
kereta ekspres

東京駅まで 急行で 15分くらいです。
とうきょうえき　　きゅうこう　じゅうご ふん

ใช้เวลาประมาณ 15 นาทีถึงสถานีโตเกียว ด้วยรถไฟด่วน
Sampai stasiun Tokyo dengan kereta ekspres kira-kira15
menit.

➕ 特急 (รถไฟ) ด่วนพิเศษ / kereta ekspres khusus ・
とっきゅう

各駅停車 (รถไฟ) จอดทุกสถานี / kereta lokal (berhenti di setiap stasiun)
かくえきていしゃ

---

**463** 夜行バス
やこう

名 รถบัสเที่ยวกลางคืน
bus malam

夜行バスで 朝8時ごろ 京都に 着きました。
やこう　　あさ じ　　きょうと　　つ

ถึงเกียวโตประมาณ 8 โมงเช้าด้วยรถบัสเที่ยวกลางคืน
Tiba di Kyoto kira-kira jam 8 pagi dengan bus malam.

---

**464** 自動車
じ どうしゃ

名 รถยนต์
mobil

小さい 自動車が 人気です。
ちい　　じ どうしゃ　　にんき

รถยนต์คันเล็กได้รับความนิยม
Mobil berukuran kecil populer.

➕ 車 รถยนต์ / mobil
くるま

---

**465** オートバイ

名 มอเตอร์ไซค์
motor

週末、友だちと オートバイで 出かけます。
しゅうまつ　とも　　　　　　　　で

จะขี่มอเตอร์ไซค์ออกไปข้างนอกกับเพื่อน ช่วงสุดสัปดาห์
Saya akan bepergian dengan teman naik motor di akhir
pekan.

⬛ バイク

**466**

船
ふね

名 เรือ
kapal laut

いつか 船 で 世界 を 旅行 したいです。
　　ふね　せかい　りょこう

สักวันหนึ่งอยากล่องเรือท่องเที่ยวรอบโลก
Suatu saat saya ingin pergi berwisata ke seluruh dunia
dengan kapal laut.

➕ 船便 ไปรษณีย์ทางเรือ / pos laut
　ふなびん

**467**

交通
こうつう

名 การจราจร การคมนาคม
transportasi

東京 は 交通 が とても 便利 です。
とうきょう　こうつう　　　　べんり

การคมนาคมในโตเกียวสะดวกสบายมาก
Transportasi di Tokyo sangat praktis.

**468**

利用 〈する〉
りよう

名 การใช้
menggunakan

いつも 地下鉄 を 利用 して います。
　　　ちかてつ　りよう

ใช้รถไฟใต้ดินเสมอ
Saya selalu menggunakan kereta bawah tanah.

➕ 使う ใช้ / memakai
　つか

**469**

降りる
お

動 ลง
turun

ここで バス を 降り ます。
　　　　　　お

ลงรถบัสตรงนี้
Turun bus di sini.

↔ (〜に) 乗る
　　　　　の

**470**

乗りかえる
の

動 เปลี่ยน (รถ รถไฟ)
berganti kendaraan

ここで 地下鉄 に 乗りかえて ください。
　　　ちかてつ　　の

กรุณาเปลี่ยนเป็นรถไฟใต้ดินที่นี่
Silakan ganti kereta bawah tanah di sini!

➕ 乗りかえ การเปลี่ยน / transfer kendaraan
　の

**471**

ラッシュ

名 ชั่วโมงเร่งด่วน
jam lalu lintas padat

この 電車 は ラッシュ でも 座れ ます。
　　でんしゃ　　　　　　　すわ

รถไฟขบวนนี้สามารถนั่งได้แม้จะเป็นชั่วโมงเร่งด่วน
Kereta ini tetap bisa duduk meskipun di jam padat lalu
lintasnya.

**472**

こむ

動 แน่น
penuh

朝の 電車 は とても こんで います。
あさ　でんしゃ

รถไฟตอนเช้าแน่นมาก
Kereta di pagi hari penuh sekali.

➕ 満員 คนเต็ม / penuh orang・満席 ที่นั่งเต็ม / kursi penuh
　まんいん　　　　　　　　　　　　まんせき

| 473 ☐ | すく | この バスは いつも <u>すいて</u> います。 |
|---|---|---|
| 動 | ว่าง โล่ง<br>kosong | รถบัสคันนี้ว่างตลอด<br>Bus ini selalu kosong. |

| 474 ☐ | 通る<br>とお | この 駅には いろいろな 電車が <u>通って</u> います。<br>えき でんしゃ とお |
|---|---|---|
| 動 | ผ่าน<br>lewat | รถไฟหลายสายผ่านสถานีนี้<br>Berbagai kereta lewat di stasiun ini. |

| 475 ☐ | すぎる | A駅を <u>すぎ</u>たら、電車が すきました。<br>エーえき でんしゃ |
|---|---|---|
| 動 | เลย<br>melewati | พอเลยสถานี A ไปแล้ว รถไฟจะโล่ง<br>Kereta kosong setelah melewati stasiun A. |

| 476 ☐ | 開く<br>あ | 次の 駅で 右の ドアが <u>開き</u>ます。<br>つぎ えき みぎ あ |
|---|---|---|
| 動 | ...เปิด<br>terbuka | สถานีต่อไปประตูทางขวาจะเปิด<br>Di stasiun berikutnya, pintu kereta sebelah kanan akan terbuka. |

| 477 ☐ | 開ける<br>あ | 暑いので、窓を <u>開け</u>ましょう。<br>あつ まど あ |
|---|---|---|
| 動 | เปิด...<br>membuka | อากาศร้อน เปิดหน้าต่างกันเถอะ<br>Karena panas, mari kita buka jendela. |

| 478 ☐ | 閉まる<br>し | 右側の ドアが <u>閉まり</u>ます。<br>みぎがわ し |
|---|---|---|
| 動 | ...ปิด<br>tertutup | ประตูทางขวาจะปิด<br>Pintu sebelah kanan akan tertutup. |

| 479 ☐ | 閉める<br>し | 寒いので、窓を <u>閉めて</u> ください。<br>さむ まど し |
|---|---|---|
| 動 | ปิด...<br>menutup | อากาศหนาว กรุณาปิดหน้าต่างด้วย<br>Karena dingin, tolong tutup jendela! |

| 480 ☐ | 運転手<br>うんてんしゅ | 子どもの とき、バスの <u>運転手</u>に なりたかったです。<br>こ うんてんしゅ |
|---|---|---|
| 名 | คนขับรถ<br>pengemudi, sopir | ตอนเด็ก ๆ เคยอยากเป็นคนขับรถบัส<br>Saat anak-anak saya ingin menjadi sopir bus. |

■ ドライバー ✚ ドライブ การขับรถยนต์ (ไปเที่ยว) / berkendara mobil

---

**481** お客さん
きゃく

□

名 **ลูกค้า แขก**
**tamu, penumpang**

この バスは 外国人の お客さん が 多いです。
がいこくじん　　きゃく　　　おお

รถบัสคันนี้ผู้โดยสารชาวต่างชาติเยอะ
Bus ini penumpang orang asingnya banyak.

👉 เมื่อเรียงลำดับตามความสุภาพ (จากสุภาพน้อยสุดไปสุภาพมากสุด) จะใช้เป็น 客 → お
客さん → お客さま
Urutan tingkat kesopanan ketika menyebut tamu adalah 客 → お客さん → お客さ
ま yang paling sopan.

---

**482** 席
せき

□

名 **ที่นั่ง**
**kursi**

この 飛行機に まだ 席は ありますか。
ひこうき　　　　せき

เครื่องบินลำนี้ยังมีที่นั่งอยู่ไหม
Apakah pesawat ini masih ada kursi (yang kosong)?

---

**483** おとな

□

名 **ผู้ใหญ่**
**dewasa**

おとな 2枚と 子ども 2枚、きっぷを ください。
まい　　こ　　　まい

ขอตั๋วผู้ใหญ่ 2 ใบกับตั๋วเด็ก 2 ใบ
Tolong dua lembar karcis dewasa dan dua lembar karcis
anak-anak.

---

**484** お年より
とし

□

名 **ผู้สูงอายุ คนชรา**
**orang yang sudah tua**

ここは お年より の ための 席です。
とし　　　　　　せき

ตรงนี้เป็นที่นั่งสำหรับผู้สูงอายุ
Ini adalah kursi untuk orang yang sudah tua.

**485** 進む
すす

動 เคลื่อนไปข้างหน้า ขยับ
bergerak maju

道が こんで いて、車が 前に 進めません。
みち　　　　　　　　くるま　まえ　すす

ถนนคับคั่ง รถไม่ขยับไปข้างหน้าเลย
Mobil tidak bisa bergerak maju karena jalanan padat.

**486** 向かう
む

動 มุ่งหน้าไป
menuju

今、車で 空港に 向かって います。
いま　くるま　くうこう　む

ขณะนี้กำลังนั่งรถมุ่งหน้าไปยังสนามบิน
Sekarang sedang menuju ke bandara dengan mobil.

**487** 止める
と

動 จอด... ทำให้หยุด
menghentikan, parkir

バス停の 近くに 車を 止めてはいけません。
てい　ちか　くるま　と

ห้ามจอดรถใกล้ ๆ ป้ายรถเมล์
Tidak boleh menghentikan mobil di dekat halte bus.

**488** 止まる
と

動 ...จอด ...หยุด
berhenti

道に 大きい バスが 止まって います。
みち　おお　　　　　と

มีรถบัสคันใหญ่จอดอยู่ที่ถนน
Ada bus besar berhenti di jalan.

**489** 運ぶ
はこ

動 แบก ขน
mengangkut

この 荷物を いっしょに 運んで ください。
にもつ　　　　　　　はこ

ช่วยขนสัมภาระนี้ด้วย
Tolong angkut barang ini bersama-sama.

**490** そうさ〈する〉

名 การควบคุม
mengendalikan

リモコンで 車の ドアを そうさします。
くるま

ควบคุมประตูรถด้วยรีโมทคอนโทรล
Mengendalikan pintu mobil dengan *remote control*.

**491** 回す
まわ

動 หมุน
memutar

車の ハンドルを 回します。
くるま　　　　　　まわ

หมุนพวงมาลัยรถ
Saya memutar setir mobil.

✚ （〜が）回る …หมุน / 〜 berputar
まわ

---

**492**
☐

事故
じ こ

名

อุบัติเหตุ
kecelakaan

きのう、道で 事故を 見て しまいました。
みち　じ こ　み

เมื่อวานนี้ดันไปเห็นอุบัติเหตุบนถนนเข้า

Kemarin saya melihat (tanpa sengaja) kecelakaan di jalan.

---

**493**
☐

（事故に）あう
じ こ

動

ประสบ (อุบัติเหตุ)
mengalami kecelakaan

交差点で 事故に あって しまいました。
こう さ てん　じ こ

ประสบอุบัติเหตุตรงสี่แยก

Saya mengalami kecelakaan di persimpangan jalan.

---

**494**
☐

ぶつかる

動

ชน ปะทะ
bertabrakan,
bertubrukan

信号の ところで 2台の タクシーが
しん ごう　　　　　　　　だい
ぶつかりました。

แท็กซี่ 2 คันชนกันตรงสัญญาณไฟจราจร

Dua buah taksi bertabrakan di lampu merah.

---

**495**
☐

すべる

動

ลื่น ไถล
terpeleset, tergelincir

雪の 日は すべりやすいです。
ゆき　ひ

วันที่หิมะตกจะลื่นล้มได้ง่าย

Saat hari turun salju mudah tergelincir.

---

**496**
☐

安全 〈な〉
あん ぜん

名
ナ形

ปลอดภัย
keamanan, aman

安全が いちばん 大切です。（名）
あん ぜん　　　　　　たい せつ
安全な 道を 行きましょう。（ナ形）
あん ぜん　みち　い

ความปลอดภัยสำคัญที่สุด
ไปถนนเส้นที่ปลอดภัยกันเถอะ

Keamanan sangat penting.
Mari pergi lewat jalan yang aman.

✚ 安全運転 การขับขี่อย่างปลอดภัย / menyetir dengan aman
あん ぜん うん てん

---

**497**
☐

危険 〈な〉
き けん

名
ナ形

อันตราย
berbahaya, bahaya

ここでは 事故の 危険が あります。（名）
じ こ　き けん
この 道は 車が 多くて、危険です。（ナ形）
みち　くるま　おお　き けん

บริเวณนี้เกิดอันตรายจากอุบัติเหตุได้
ถนนเส้นนี้รถเยอะ อันตราย

Di sini ada bahaya kecelakaan.
Jalan itu banyak mobilnya sehingga berbahaya.

✚ 危ない อันตราย / bahaya
あぶ

**498**
□

注意 〈する〉
ちゅう い

① 車にも 自転車にも 注意しましょう。
　くるま　　じてんしゃ　　ちゅう い
② ちこくして、先生に 注意されました。
　　　　　　せんせい　　ちゅう い

名 การระมัดระวัง
การตักเตือน
berhati-hati,
memperhatikan,
memperingatkan

① ระวังทั้งรถยนต์ทั้งจักรยาน
② มาสาย คุณครูเลยตักเตือน
① Mari berhati-hati baik terhadap mobil maupun sepeda.
② Saya diperingatkan guru/dosen karena terlambat.

☞ ① ระมัดระวัง ② ถูกต่อว่าจากการทำสิ่งที่ไม่ถูกต้องหรือทำผิดพลาด
　① berhati-hati, memperhatikan ② diperingatkan, dimarahi ketika melakukan
　kesalahan atau melakukan hal buruk

**499**
□

赤ちゃん
あか

姉に 赤ちゃんが 生まれました。
あね　あか　　　　　う

名 เด็กทารก
bayi

พี่สาวเพิ่งคลอดลูก
Kakak perempuan saya melahirkan bayi.

➕ ベビー服 เสื้อผ้าเด็ก / pakaian bayi ・ ベビーカー รถเข็นเด็ก / kereta dorong untuk bayi
　　　ふく

**500**
□

故障 〈する〉
こ しょう

また 車が 故障しました。
　　くるま　こ しょう

名 การเสียหาย
rusak

รถเสียอีกแล้ว
Mobilnya rusak lagi.

**501**
□

とちゅう

空港に 行く とちゅうで 事故を 見ました。
くうこう　い　　　　　　　じ こ　み

名 ระหว่าง
di tengah

เห็นอุบัติเหตุระหว่างที่ไปสนามบิน
Saya melihat kecelakaan di tengah perjalanan berangkat
ke bandara.

**502**
□

行き
い/ゆ

行きは 道が すいて いました。
い　　みち

名 ขาไป
perjalanan berangkat

ขาไปถนนโล่ง
Jalan sepi waktu perjalanan berangkat.

**503**
□

帰り
かえ

帰りは とても こんで いました。
かえ

名 ขากลับ
perjalanan pulang

ขากลับรถจอแจมาก
Perjalanan pulang sangat padat.

➕ 行き帰り ไปและกลับ / pulang pergi
　い/ゆ かえ

**504** ガソリン

ガソリンの ねだんが また 上がりました。

名 น้ำมัน (รถ)
bensin

ราคาน้ำมันขึ้นอีกแล้ว
Harga bensin naik lagi.

➕ ガソリンスタンド ปั๊มน้ำมัน / pom bensin

**505** エンジン

あの車は エンジンの 音が 大きいです。

名 เครื่องยนต์
mesin

รถคันนั้นเสียงเครื่องยนต์ดัง
Mobil itu suara mesinnya besar.

**506** 信号
しんごう

信号は まだ 赤です。

名 สัญญาณไฟจราจร
lampu lalu lintas

สัญญาณไฟจราจรยังแดงอยู่
Lampu lalu lintas masih merah.

**507** やじるし

美術館では やじるしを 見て、進んで ください。

名 ลูกศร
penunjuk arah

ที่หอศิลป์ กรุณาดูลูกศรแล้วเดินตาม
Di museum seni, silakan berjalan mengikuti petunjuk arah!

**508** キロ

ここから 彼女の 家まで 2キロ あります。

名 กิโล
kilometer

จากที่นี่ไปถึงบ้านของเธอเป็นระยะทาง 2 กิโลเมตร
Dari sini sampai rumah dia (perempuan) 2 kilometer.

👉 คำนี้สามารถใช้เป็นตัวย่อได้ทั้งกิโลเมตรและกิโลกรัม
Digunakan untuk menyingkat kilometer dan kilogram.

| 509 ☐ | 人口<br>じんこう | 日本の <u>人口</u>は 少なく なって います。<br><small>にほん　じんこう　すく</small> |
| 名 | **ประชากร**<br>**penduduk** | ประชากรของญี่ปุ่นกำลังลดลง<br>Penduduk Jepang menjadi sedikit. |
| 510 ☐ | 億<br>おく | 世界には７０億人の 人が 住んで います。<br><small>せかい　ななじゅうおくにん　ひと　す</small> |
| 名 | **ร้อยล้าน**<br>**seratus juta** | บนโลกใบนี้มีคน 7,000 ล้านคนอาศัยอยู่<br>7 miliar orang tinggal di bumi. |
| 511 ☐ | 経済<br>けいざい | アジアの <u>経済</u>は これから どうなると<br>思いますか。<br><small>おも</small> |
| 名 | **เศรษฐกิจ**<br>**ekonomi** | คิดว่าเศรษฐกิจของเอเชียจากนี้ไปจะเป็นอย่างไร<br>Menurut Anda, mulai sekarang ekonomi di Asia akan<br>menjadi seperti apa? |
| 512 ☐ | 貿易〈する〉<br>ぼうえき | 大学を 卒業して、<u>貿易</u>の 仕事が したいです。<br><small>だいがく　そつぎょう　ぼうえき　しごと</small> |
| 名 | **การค้าระหว่าง ประเทศ**<br>**perdagangan** | หลังจากเรียนจบมหาวิทยาลัยแล้ว อยากทำงาน<br>ด้านการค้าระหว่างประเทศ<br>Saya ingin melakukan pekerjaan di bidang perdagangan<br>setelah lulus dari universitas. |
| 513 ☐ | ゆしゅつ〈する〉 | 日本は 車を たくさん <u>ゆしゅつして</u> います。<br><small>にほん　くるま</small> |
| 名 | **การส่งออก**<br>**mengekspor** | ญี่ปุ่นส่งออกรถยนต์เป็นจำนวนมาก<br>Jepang mengekspor banyak mobil. |
| 514 ☐ | ゆにゅう〈する〉 | 日本は 石油や 原料を <u>ゆにゅうして</u> います。<br><small>にほん　せきゆ　げんりょう</small> |
| 名 | **การนำเข้า**<br>**mengimpor** | ญี่ปุ่นนำเข้าน้ำมันและวัตถุดิบ<br>Jepang mengimpor bahan bakar minyak dan bahan<br>mentah. |

**515** 原料
げんりょう

名 วัตถุดิบ
bahan mentah, bahan baku

A 社は ビールの 原料を ゆにゅうして います。
エー しゃ　　　　　　げんりょう

บริษัท A นำเข้าวัตถุดิบในการผลิตเบียร์
Perusahaan A mengimpor bahan baku untuk bir.

**516** 石油
せきゆ

名 น้ำมัน น้ำมันดิบ
bahan bakar minyak

また 石油の ねだんが 上がって います。
　　　 せきゆ　　　　　 あ

ราคาน้ำมันขึ้นอีกแล้ว
Harga bahan bakar minyak naik lagi.

**517** 物価
ぶっか

名 ค่าครองชีพ
harga barang

この 国は 物価が 高いです。
　　 くに　 ぶっか　 たか

ประเทศนี้ค่าครองชีพสูง
Negara ini harga barangnya mahal.

**518** 政治
せいじ

名 การเมือง
politik

日本の 政治を 勉強して います。
にほん　 せいじ　 べんきょう

กำลังศึกษาเรื่องการเมืองของญี่ปุ่น
Saya sedang mempelajari politik Jepang.

➕ 政治家 นักการเมือง / politikus
　 せいじか

**519** 首相
しゅしょう

名 นายกรัฐมนตรี
perdana menteri

日本と イギリスの 首相が あいさつしました。
にほん　　　　　　　 しゅしょう

นายกรัฐมนตรีญี่ปุ่นและอังกฤษทักทายกัน
Perdana menteri Jepang dan Inggris saling memberi salam.

**520** 大統領
だいとうりょう

名 ประธานาธิบดี
presiden

A国の 大統領が 日本へ 来ます。
エーこく　 だいとうりょう　 にほん　 き

ประธานาธิบดีแห่งประเทศ A มาเยือนญี่ปุ่น
Presiden negara A datang ke Jepang.

**521** 平和〈な〉
へいわ

名
ナ形 สันติภาพ สงบสุข
perdamaian, damai

平和の ために 何が できますか。(名)
へいわ　　　　 なに

平和な 国に 住みたいです。(ナ形)
へいわ　 くに　 す

จะทำอะไรเพื่อสันติภาพได้บ้าง
อยากอยู่ในประเทศที่สงบสุข
Apa yang bisa dilakukan untuk perdamaian?
Saya ingin tinggal di negara yang damai.

**522** 戦争
せんそう

名 สงคราม
perang

戦争が ない 世界が いいです。
せんそう　　　　 せかい

โลกที่ปราศจากสงครามคงจะดี
Saya menginginkan dunia yang tanpa perang.

| 523 文化<br>ぶん か | 外国の <u>文化</u>を 知りたいです。<br>がいこく　　ぶん か　　し |
|---|---|
| 名 **วัฒนธรรม**<br>budaya | อยากรู้จักวัฒนธรรมต่างชาติ<br>Saya ingin tahu budaya luar negeri. |

| 524 世界遺産<br>せ か い い さん | 日本に <u>世界遺産</u>は いくつ ありますか。<br>に ほん　　せ か い い さん |
|---|---|
| 名 **มรดกโลก**<br>peninggalan (warisan)<br>budaya dunia | มรดกโลกที่ญี่ปุ่นมีกี่แห่ง<br>Ada berapa peninggalan budaya dunia di Jepang? |

| 525 世紀<br>せい き | 2001 年から 2 1 <u>世紀</u>が 始まって います。<br>に せんいち ねん　　にじゅういっ せい き　　はじ |
|---|---|
| 名 **ศตวรรษ**<br>abad | ศตวรรษที่ 21 เริ่มตั้งแต่ปี 2001<br>Abad 21 dimulai sejak tahun 2001. |

| 526 時代<br>じ だい | 今は ロボットが 働く <u>時代</u>です。<br>いま　　　　　　　　はたら　　じ だい |
|---|---|
| 名 **ยุคสมัย**<br>zaman | ปัจจุบันเป็นยุคที่หุ่นยนต์ทำงาน<br>Sekarang adalah zamannya robot yang bekerja. |

| 527 国際<br>こくさい | 留学して、<u>国際</u>的な 仕事が したいです。<br>りゅうがく　　こくさいてき　　し ごと |
|---|---|
| 名 **ระหว่างประเทศ สากล**<br>internasional | อยากไปเรียนต่อที่ต่างประเทศและทำงานระหว่าง<br>ประเทศ<br>Saya ingin belajar di luar negeri dan melakukan<br>pekerjaan skala internasional. |

➕ 国際結婚 การแต่งงานกับชาวต่างชาติ / pernikahan antar bangsa ·
こくさいけっこん

国際電話 โทรศัพท์ทางไกลระหว่างประเทศ / telepon internasional·
こくさいでん わ

国際化 การทำให้เป็นสากล / internasionalisasi
こくさい か

| 528 世界中<br>せ かいじゅう | <u>世界中</u>に 友だちを 作りましょう。<br>せ かいじゅう　　とも　　　つく |
|---|---|
| 名 **ทั่วโลก**<br>seluruh dunia, sedunia | มาสร้างมิตรไปทุกหนทุกแห่งทั่วโลกกันเถอะ<br>Mari membuat pertemanan di seluruh dunia. |

➕ 日本中 ทั่วญี่ปุ่น / seluruh Jepang, se-Jepang · 一日中 ตลอดทั้งวัน / seharian ·
に ほんじゅう 　　　　　　　　　　　　　　　　　　　　　　いちにちじゅう

一年中 ตลอดทั้งปี / setahun
いちねんじゅう

## これも おぼえよう！❷

🏴 **国・地域** ประเทศและภูมิภาค / Negara · Daerah
<br>くに ちいき

| | |
|---|---|
| アメリカ | อเมริกา / Amerika |
| アルゼンチン | อาร์เจนตินา / Argentina |
| イギリス | อังกฤษ / Inggris |
| イスラエル | อิสราเอล / Israel |
| イタリア | อิตาลี / Italia |
| イラン | อิหร่าน / Iran |
| インド | อินเดีย / India |
| インドネシア | อินโดนีเซีย / Indonesia |
| ウクライナ | ยูเครน / Ukraina |
| エジプト | อียิปต์ / Mesir |
| オーストラリア | ออสเตรเลีย / Australia |
| オーストリア | ออสเตรีย / Austria |
| オランダ | เนเธอร์แลนด์ / Belanda |
| カザフスタン | คาซัคสถาน / Kazakhstan |
| カナダ | แคนาดา / Kanada |
| ギリシャ | กรีซ / Yunani |
| シリア | ซีเรีย / Suriah |
| シンガポール | สิงคโปร์ / Singapura |
| スウェーデン | สวีเดน / Swedia |
| スペイン | สเปน / Spanyol |
| タイ | ไทย / Thailand |
| チュニジア | ตูนิเซีย / Tunisia |
| チェコ | สาธารณรัฐเช็ก / Chekoslavia |
| チリ | ชิลี / Chili |
| デンマーク | เดนมาร์ก / Denmark |
| ドイツ | เยอรมนี / Jerman |

106

| | |
|---|---|
| トルコ | ตุรกี / Turki |
| ニュージーランド | นิวซีแลนด์ / Selandia Baru |
| ネパール | เนปาล / Nepal |
| ノルウェー | นอร์เวย์ / Norwegia |
| ハンガリー | ฮังการี / Hongaria |
| フィリピン | ฟิลิปปินส์ / Filipina |
| フィンランド | ฟินแลนด์ / Finlandia |
| ブラジル | บราซิล / Brazil |
| フランス | ฝรั่งเศส / Perancis |
| ベトナム | เวียดนาม / Vietnam |
| ベルギー | เบลเยียม / Belgia |
| ペルー | เปรู / Peru |
| ポーランド | โปแลนด์ / Polandia |
| ホンジュラス | สาธารณรัฐฮอนดูรัส / Honduras |
| マカオ | มาเก๊า / Makao |
| マレーシア | มาเลเซีย / Malaysia |
| ミャンマー | เมียนมา / Myanmar |
| メキシコ | เม็กซิโก / Meksiko |
| モロッコ | โมรอคโค / Maroko |
| ルクセンブルク | ลักเซมเบิร์ก / Luksemburg |
| ロシア | รัสเซีย / Rusia |
| 中国 ちゅうごく | จีน / Cina, Tiongkok |
| 韓国 かんこく | เกาหลี / Korea Selatan |
| 香港 ほんこん | ฮ่องกง / Hongkong |
| 台湾 たいわん | ไต้หวัน / Taiwan |

| | | | |
|---|---|---|---|
| 東 ひがし | ทิศตะวันออก / Timur | 西 にし | ทิศตะวันตก / Barat |
| 南 みなみ | ทิศใต้ / Selatan | 北 きた | ทิศเหนือ / Utara |

# N4
# Chapter
# 5

# 人と 人との 関係
ひと　　ひと　　かんけい

## ความสัมพันธ์ของคน
## Hubungan antar manusia

単語 No.
たんご

| **1** | **コミュニケーション** การสื่อสาร / Komunikasi | **529 ～ 557** |
|---|---|---|
| **2** | **恋人** こいびと คนรัก / Pacar/kekasih | **558 ～ 578** |
| **3** | **トラブル** ความยุ่งยาก / Kendala | **579 ～ 609** |
| **4** | **しゅみ** งานอดิเรก / Hobi/kegemaran | **610 ～ 632** |
| **5** | **スポーツ** กีฬา / Olahraga | **633 ～ 657** |

# コミュニケーション

การสื่อสาร / Komunikasi

---

**529** メールアドレス

名 อีเมลแอดเดรส
alamat surat elektronik
(surel), alamat email

田中さんの メールアドレス を 知って いますか。
たなか　　　　　　　　　　　　　し

รู้อีเมลแอดเดรสของคุณทานากะไหม
Apakah Anda tahu alamat surel Tanaka-san?

---

**530** 返事 〈する〉
へんじ

名 การตอบ
membalas, menjawab

友だちから メールの 返事 が なかなか 来ません。
とも　　　　　　　　へんじ　　　　　　　　　き

อีเมลตอบกลับจากเพื่อนยังไม่มาเสียที
Balasan surel dari teman saya belum datang juga.

---

**531** 知り合う
し　あ

動 รู้จัก
mengenal

彼女とは 友だちの 紹介で 知り合いました。
かのじょ　　とも　　しょうかい　し　あ

ได้รู้จักกับเธอโดยการแนะนำของเพื่อน
Saya mengenal dia (perempuan) karena dikenalkan oleh
teman.

➕ 知り合い คนรู้จัก / kenalan
し　あ

---

**532** 紹介 〈する〉
しょうかい

名 การแนะนำ
memperkenalkan

友だちに 彼女を 紹介して もらいました。
とも　　かのじょ　しょうかい

เพื่อนแนะนำให้รู้จักกับเธอ
Saya diperkenalkan kepada dia (perempuan) oleh teman
saya.

➕ 自己紹介〈する〉 การแนะนำตัวเอง / memperkenalkan diri
じこしょうかい

---

**533** 合う
あ

動 เข้ากันได้ดี เหมาะ
cocok, sesuai, serasi

その くつは 今日の 服に 合いますね。
きょう　ふく　あ

รองเท้าคู่นั้นเหมาะกับชุดวันนี้จังเลยนะ
Sepatu itu serasi dengan pakaian hari ini ya.

---

**534** 相談 〈する〉
そうだん

名 การปรึกษาหารือ
berkonsultasi

私は 母に 何でも 相談して います。
わたし　はは　なん　　そうだん

ฉันปรึกษาแม่ทุกเรื่อง
Saya selalu berkonsultasi kepada ibu saya tentang apa
saja.

---

**535**

さんせい〈する〉

みんな 彼の 結婚に <u>さんせいして</u> います。
かれ けっこん

**名**

**การเห็นด้วย**
**การเห็นพ้อง**
**menyetujui**

ทุกคนเห็นด้วยกับการแต่งงานของเขา
Semuanya menyetujui pernikahan dia (laki-laki).

---

**536**

反対 〈する〉
はんたい

私の 留学に 家族は <u>反対して</u> いました。
わたし りゅうがく かぞく はんたい

**名**

**การไม่เห็นด้วย**
**การคัดค้าน**
**menentang**

ครอบครัวคัดค้านการไปเรียนต่อต่างประเทศ ของฉัน
Keluarga saya menentang (rencana) saya belajar ke luar
negeri.

---

**537**

訪ねる
たず

中国の 友だちの 家を <u>訪ね</u>たいです。
ちゅうごく とも いえ たず

**動**

**เยี่ยมเยียน**
**mengunjungi**

อยากไปเยี่ยมบ้านเพื่อนคนจีน
Saya ingin mengunjungi rumah teman saya orang Cina.

---

**538**

案内 〈する〉
あんない

来月、国の 友だちに 東京を <u>案内し</u>ます。
らいげつ くに とも とうきょう あんない

**名**

**การพาชม การนำเที่ยว**
**memandu**

เดือนหน้าจะพาเพื่อนจากประเทศชมโตเกียว
Bulan depan, saya akan memandu teman senegara saya
di sekitar Tokyo.

---

**539**

あげる

父の 日に ネクタイを <u>あげ</u>ました。
ちち ひ

**動**

**(ฉัน) ให้**
**memberi**

ให้เนกไทในวันพ่อ
Saya memberi dasi pada hari ayah (kepada ayah saya).

---

**540**

くれる

たんじょう日に 姉は 何も <u>くれ</u>ませんでした。
び あね なに

**動**

**ให้ (ฉัน)**
**menerima**

พี่สาวไม่ได้ให้อะไร (ฉัน) ในวันเกิดเลย
Pada hari ulangtahun saya, saya tidak menerima apa pun
dari kakak perempuan saya.

---

**541**

もらう

この ペンは 友だちに <u>もらい</u>ました。
とも

**動**

**ได้รับ**
**mendapat**

ได้ปากกาด้ามนี้จากเพื่อน
Saya mendapat pulpen ini dari teman.

**542** 贈る
おく

動 ให้เป็นของขวัญ
memberi hadiah

国に 帰る 友だちに 何を 贈ったら いいですか。
くに かえ とも なに おく

จะให้อะไรเพื่อนที่กำลังจะกลับประเทศเป็น ของขวัญดี
Sebaiknya memberi hadiah apa kepada teman yang akan pulang ke negaranya?

➕ プレゼントする ให้ของขวัญ / memberi hadian, menghadiahi

👍 プレゼントする ใช้กับสิ่งของที่จับต้องได้เท่านั้น ในขณะที่ 贈る สามารถใช้กับความรู้สึกขอบคุณได้ด้วย
プレゼントする hanya digunakan ketika tentang barang hadiahnya saja, sedangkan 贈る juga digunakan pada saat mengungkapkan rasa syukur/terima kasih.

**543** 贈り物
おく もの

名 ของขวัญ
hadiah

この ネックレスは 彼からの 贈り物です。
かれ おく もの

สร้อยคอเส้นนี้เป็นของขวัญจากเขา
Kalung ini adalah hadiah dari dia (laki-laki).

➕ プレゼント ของขวัญ / hadiah

**544** [お] 祝い
いわ

名 การเฉลิมฉลอง
perayaan

友だちに 入学の お祝いを あげました。
とも にゅうがく いわ

ฉลองที่เพื่อนเข้ามหาวิทยาลัยได้
Saya memberi kado untuk merayakan diterimanya teman saya di sekolah/universitas baru.

➕ お祝いする・祝う ฉลอง แสดงความยินดี / merayakan

**545** わたす

動 มอบ ยื่น ส่ง
menyerahkan,
memberikan

先生に 花を わたしました。
せんせい はな

มอบดอกไม้ให้คุณครู
Saya memberikan bunga kepada guru/dosen.

**546** よろこぶ

動 ยินดี ดีใจ
bergembira

母は 私の 贈り物を とても よろこんで くれました。
はは わたし おく もの

แม่ดีใจกับของขวัญที่ฉันให้มาก
Ibu sangat bergembira menerima hadiah dari saya.

➕ よろこび ความสุข ความหรรษา / kegembiraan

**547** おかげ

名 ด้วยความช่วยเหลือของ... เป็นเพราะ...
berkat

友だちの おかげで 毎日 楽しいです。
とも まいにち たの

สนุกสนานทุก ๆ วันเพราะเพื่อน ๆ
Berkat teman saya, setiap hari selalu menyenangkan.

➕ おかげさまで ด้วยความช่วยเหลือของ... / berkat doa Anda

---

**548**
☐

| かんしゃ〈する〉 | 友だちに いつも <u>かんしゃして</u> います。<br>とも |
|---|---|

名 | ความรู้สึกขอบคุณ<br>การขอบคุณ<br>**berterima kasih,<br>bersyukur** | รู้สึกขอบคุณเพื่อน ๆ เสมอ<br>Saya selalu berterima kasih kepada teman saya. |
|---|---|

---

**549**
☐

| お礼 〈する〉<br>れい | 先生に <u>お礼</u>の 手紙を 書きました。<br>せんせい　　れい　　て がみ　　か |
|---|---|

名 | การขอบคุณ<br>**berterima kasih** | เขียนจดหมายขอบคุณให้อาจารย์<br>Saya menulis surat ungkapan terima kasih kepada guru/<br>dosen. |
|---|---|

---

**550**
☐

| あやまる | 自分が 悪いときは <u>あやまり</u>ましょう。<br>じ ぶん　わる |
|---|---|

動 | ขอโทษ<br>**meminta maaf** | เวลาตัวเองทำผิด ให้ขอโทษ<br>Mari kita meminta maaf ketika melakukan kesalahan. |
|---|---|

---

**551**
☐

| えんりょ〈する〉 | <u>えんりょし</u>ないで、何でも 言って ください。<br>なん　い |
|---|---|

名 | การเกรงใจ<br>**sungkan** | พูดมาได้ทุกอย่างเลยไม่ต้องเกรงใจ<br>Jangan sungkan, katakan saja semuanya! |
|---|---|

👉 ～はごえんりょください มีความหมายว่า กรุณาอย่า...
　～はごえんりょください artinya "Jangan melakukan ～ !"

---

**552**
☐

| 気づく<br>き | 私が 髪を 切ったのに、夫は<br>わたし　かみ　き　　　　おっと<br><u>気づき</u>ませんでした。<br>き |
|---|---|

動 | ตระหนัก รู้ตัว รู้สึก<br>**sadar** | ฉันตัดผมมาแท้ ๆ แต่สามีไม่รู้สึกเลย<br>Saya memotong rambut saya tetapi suami saya tidak<br>menyadarinya. |
|---|---|

🟰 気がつく
き

---

**553**
☐

| 親友<br>しんゆう | 私には <u>親友</u>が 3人います。<br>わたし　　しんゆう　　にん |
|---|---|

名 | เพื่อนสนิท<br>**teman dekat** | ฉันมีเพื่อนสนิท 3 คน<br>Saya punya 3 orang teman dekat. |
|---|---|

**554**
☐

せんぱい

アルバイトの <u>せんぱい</u>に いつも お世話に
なっています。

| 名 | **รุ่นพี่**<br>senior | รุ่นพี่ที่ที่ทำงานพิเศษคอยดูแลเสมอ<br>Saya selalu dibantu senior di tempat kerja paruh waktu. |

↔ こうはい

**555**
☐

彼ら
かれ

A「あの 人たちは？」
　　　　ひと
B「ああ、<u>彼ら</u>は 高校の クラスメートです。」
　　　　　　かれ　　　こうこう

| 名 | **พวกเขา**<br>mereka | A：คนพวกนั้นใครน่ะ<br>B：อ๋อ พวกเขาเป็นเพื่อนร่วมชั้นสมัยโรงเรียน<br>　　มัธยมปลาย<br>A：Siapa orang-orang itu?<br>B：Oh, mereka teman sekelas SMA. |

**556**
☐

みんな

家族は <u>みんな</u> 元気です。
かぞく　　　　　　げんき

| 名 | **ทุกคน**<br>semua | ทุกคนในครอบครัวแข็งแรงดี<br>Keluarga saya semua sehat. |

👉 みなさま และ みなさん จะสุภาพกว่า みんな
みなさま atau みなさん lebih sopan dari pada みんな.

**557**
☐

人気
にんき

マリアさんは みんなに <u>人気</u>が あります。
　　　　　　　　　　　　　　にんき

| 名 | **ความนิยม เป็นที่นิยม**<br>**เป็นที่ชื่นชอบ**<br>populer | คุณมาเรียเป็นที่ชื่นชอบของทุกคน<br>Maria-san populer di antara semua orang. |

➕ 人気者 ขวัญใจ คนดัง / orang yang populer
　　にんきもの

# 恋人
こいびと

---

**558**

デート〈する〉

いそがしくて、<u>デートする</u>時間が ありません。
じかん

名 | การออกเดท
berkencan

งานยุ่ง เลยไม่มีเวลาออกเดท
Karena sibuk, saya tidak punya waktu berkencan.

---

**559**

付き合う
つ あ

①あの 二人は いつから <u>付き合って</u> いますか。
ふたり つ あ

②明日 買い物に <u>付き合って</u> ください。
あした か もの つ あ

動 | คบหา ไปเป็นเพื่อน
berpacaran, menemani

① สองคนนั้นคบกันตั้งแต่เมื่อไร
② พรุ่งนี้ช่วยไปซื้อของเป็นเพื่อนหน่อยสิ
① Kedua orang itu sejak kapan berpacaran?
② Tolong temani saya berbelanja besok!

➕ 付き合い การคบค้าสมาคม / pacaran, kencan
つ あ

👉 ① คบกันจนเป็นแฟน ② ไปเป็นเพื่อน ไปด้วยกัน
① bergaul, menjadi kekasih ② pergi bersama

---

**560**

連れて行く
つ い

恋人を 海に <u>連れて行って</u> あげたいです。
こいびと うみ つ い

動 | พาไป
mengajak pergi

อยากพาแฟนไปทะเล
Saya ingin mengajak pergi pacar saya ke pantai.

---

**561**

連れて来る
つ く

弟が 女の子を 家に <u>連れて来ました</u>。
おとうと おんな こ いえ つ き

動 | พามา
mengajak datang

น้องชายพาเด็กผู้หญิงมาที่บ้าน
Adik laki-laki saya mengajak datang seorang gadis ke
rumah.

---

**562**

[お]見合い〈する〉
み あ

来週、レストランで <u>お見合い</u>を します。
らいしゅう み あ

名 | การดูตัว
melakukan pertemuan
perjodohan

สัปดาห์หน้าจะไปดูตัวที่ร้านอาหาร
Minggu depan akan melakukan pertemuan perjodohan di
restoran.

➕ お見合いパーティー ปาร์ตี้นัดบอด / pesta pertemuan perjodohan
み あ

**563** 婚約 〈する〉
こんやく

名 การหมั้นหมาย
bertunangan

姉が 私の友だちと 婚約しました。
あね　わたし　とも　　　こんやく

พี่สาวหมั้นกับเพื่อนของฉัน
Kakak perempuan saya bertunangan dengan teman saya.

**564** 結婚 〈する〉
けっこん

名 การแต่งงาน
menikah

来月、姉が 結婚します。
らいげつ　あね　けっこん

พี่สาวจะแต่งงานเดือนหน้า
Bulan depan, kakak perempuan saya akan menikah.

↔ 離婚 〈する〉
りこん

➕ 結婚式 พิธีแต่งงาน / resepsi pernikahan, pesta pernikahan ・
けっこんしき

お見合い結婚 การแต่งงานจากการดูตัว / pernikahan melalui perjodohan
みあ　　けっこん

**565** 知らせる
し

動 แจ้ง แจ้งให้ทราบ
memberitahukan

婚約したことを 友だちに 知らせました。
こんやく　　　　とも　　　し

แจ้งเพื่อน ๆ เรื่องที่ได้หมั้นหมายแล้ว
Saya memberitahukan kepada teman bahwa saya sudah
bertunangan.

➕ お知らせ การแจ้ง การแจ้งเตือน / pengumuman, pemberitahuan
し

**566** 合図 〈する〉
あいず

名 การให้สัญญาณ
สัญลักษณ์
memberi kode

二人は 目で 合図を していました。
ふたり　め　あいず

ทั้งสองคนส่งสัญญาณด้วยสายตา
Kedua orang itu saling memberi kode dengan mata.

**567** けんか 〈する〉

名 การทะเลาะเบาะแว้ง
bertengkar

あの 二人は いつも けんかして います。
ふたり

สองคนนั้นทะเลาะกันตลอดเลย
Kedua orang itu selalu bertengkar.

**568** うそ

名 การโกหก
bohong

友だちに うそを ついては いけません。
とも

ห้ามโกหกเพื่อน
Tidak boleh berbohong kepada teman.

➕ うそつき คนโกหก / pembohong

**569** 別れる
わか

動 เลิกกัน แยกกัน
berpisah, putus
hubungan

二人は 別れて しまいました。
ふたり　わか

ทั้งสองคนเลิกกันแล้ว
Keduanya putus hubungan.

**570** じゃま〈な／する〉

デートに じゃまが 入りました。(名)

この 大きい 荷物は とても じゃまです。(ナ形)

名
ナ形
**การขัดขวาง อุปสรรค**
**เกะกะ**
**gangguan, mengganggu**

อุปสรรคเข้ามาแทรกการออกเดท
สัมภาระใหญ่ชิ้นนี้เกะกะมาก
Ada gangguan selama kencan.
Barang besar ini sangat mengganggu.

**571** 彼
かれ

①私の 彼は とても やさしい 人です。

②彼が 田中さんの ご主人ですか。

名
**เขา (ผู้ชาย) แฟน (ผู้ชาย)**
**pacar (laki-laki) dia**
**(laki-laki)**

① แฟนฉันเป็นคนใจดีมาก
② เขาเป็นสามีของคุณทานากะใช่ไหม
① Pacar saya orang yang sangat baik hati.
② Apakah dia suaminya Tanaka-san?

☞ ① แฟน ② สรรพนามแทนผู้ชาย (เขา) / ① pacar ② kata ganti orang laki-laki

**572** 彼女
かのじょ

①日本に 来て、彼女が できました。

②彼女の 名前を 知って いますか。

名
**เธอ เขา (ผู้หญิง) แฟน**
**(ผู้หญิง)**
**pacar (perempuan) dia**
**(perempuan)**

① มาที่ญี่ปุ่น แล้วก็มีแฟน
② รู้จักชื่อเธอไหม
① Saya punya pacar (perempuan) setelah datang ke
   Jepang.
② Apakah Anda tahu siapa nama dia (perempuan)?

☞ ① แฟน ② สรรพนามแทนผู้หญิง (เธอ) / ① pacar ② kata ganti orang perempuan

**573** きみ

彼は 私を「きみ」と よびます。

名
**เธอ คุณ**
**kamu**

แฟนเรียกฉันว่า "เธอ"
Dia (laki-laki) memanggil saya "kimi."

☞ เวลาเรียกใครสักคนจะใช้ว่า ～くん
Ketika memanggil seseorang digunakan ～くん setelah namanya.

**574** ぼく

ぼくは きみが 大好きです。

名
**ผม**
**aku (laki-laki)**

ผมชอบคุณมาก
Aku sangat menyukai kamu.

**575**

独身
どくしん

名 โสด
lajang

大学の 友だちは まだ みんな 独身です。
だいがく　　とも　　　　　　　　　　　　どくしん

เพื่อนมหาวิทยาลัยยังเป็นโสดกันทุกคน

Teman di kampus saya semuanya masih lajang.

■ シングル

**576**

関係
かんけい

名 ความสัมพันธ์
hubungan

あの 二人は どういう 関係ですか。
　　　ふたり　　　　　　　　かんけい

สองคนนั้นมีความสัมพันธ์กันแบบไหน

Apa hubungan kedua orang itu?

**577**

大事な
だいじ

ナ形 สำคัญ
penting

彼女は 私の 大事な 人です。
かのじょ　わたし　だいじ　ひと

เธอเป็นคนสำคัญของผม

Dia (perempuan) adalah orang yang penting bagi saya.

**578**

特別な
とくべつ

ナ形 พิเศษ
khusus, istimewa

彼女は ぼくにとって 特別な 人です。
かのじょ　　　　　　　　　とくべつ　ひと

เธอเป็นคนพิเศษสำหรับผม

Dia (perempuan) adalah orang yang istimewa bagi saya.

# トラブル

---

**579**
☐

困る
こま

動 ลำบาก
mengalami kesulitan

日本の 生活で 困って いる ことは ありませんか。
にほん　せいかつ　こま

มีเรื่องลำบากในการใช้ชีวิตที่ญี่ปุ่นบ้างไหม
Apa kesulitan yang Anda alami dalam kehidupan di Jepang?

---

**580**
☐

わすれ物
もの

名 ของที่ลืมไว้
barang ketinggalan

電車の あみだなに わすれ物を しました。
でんしゃ　　　　　　　　もの

ลืมของไว้บนชั้นวางสัมภาระในรถไฟ
Saya ketinggalan barang di rak barang dalam kereta.

---

**581**
☐

なくなる

動 หายไป
hilang

電子辞書が なくなって しまいました。
でんしじしょ

พจนานุกรมอิเล็กทรอนิกส์หายไปแล้ว
Kamus elektronik saya hilang.

---

**582**
☐

なくす

動 ทำหาย
kehilangan,
menghilangkan

きのう、どこかで さいふを なくしました。

เมื่อวานทำกระเป๋าสตางค์หายที่ไหนสักที่
Kemarin saya kehilangan dompet entah di mana.

---

**583**
☐

落とす
お

動 ทำตก
menjatuhkan, jatuh

道で スマホを 落としました。
みち　　　　　　　お

ทำสมาร์ทโฟนตกที่ถนน
Telepon pintar saya jatuh di jalan.

---

**584**
☐

落ちる
お

動 ตก
terjatuh, jatuh

荷物が 下に 落ちて しまいました。
にもつ　した　お

สัมภาระตกไปข้างล่างแล้ว
Barangnya jatuh ke bawah.

---

**585**
☐

こわれる

動 แตก หัก เสีย
rusak

テレビの リモコンが こわれて しまいました。

รีโมททีวีเสีย
Remot kontrol televisinya rusak.

➕ (〜を) こわす ทำแตก ทำหัก ทำเสีย / merusakkan 〜

**586** 直す
なお

動 ซ่อมแซม
memperbaiki

こわれた エアコンを 直して ください。
なお

ช่วยซ่อมแอร์ที่เสียด้วย
Tolong perbaiki AC (air conditioner) ini!

➕ (〜が) 直る หาย ใช้การได้ / 〜 membaik (setelah diperbaiki)
なお

**587** やぶれる

動 ขาด ฉีก
sobek

図書館で 借りた 本が やぶれて いました。
としょかん か ほん

หนังสือที่ยืมมาจากหอสมุดขาด
Buku yang saya pinjam di perpustakaan sobek.

**588** やぶる

動 ฉีก ทำให้ขาด
menyobek

彼から 来た 手紙を やぶりました。
かれ き てがみ

ฉีกจดหมายที่มาจากเขา
Saya menyobek surat dari dia (laki-laki).

**589** 汚す
よご

動 ทำสกปรก ทำเลอะ
mengotori

買ったばかりの シャツを 汚して しまいました。
か よご

ทำเสื้อเชิ้ตที่เพิ่งซื้อมาสกปรกเสียแล้ว
Saya mengotori kemeja yang baru saja saya beli.

**590** 汚れる
よご

動 สกปรก เลอะ
kotor

テーブルが 少し 汚れて いますね。
すこ よご

โต๊ะเลอะนิดหน่อยนะ
Mejanya sedikit kotor ya.

➕ 汚れ คราบสกปรก รอยเปื้อน / kotoran
よご

**591** わる

動 ทำให้แตก
memecahkan

部長の カップを わって しまいました。
ぶちょう

ทำแก้วของผู้จัดการฝ่ายแตกเสียแล้ว
Saya memecahkan gelas milik kepala bagian.

**592** われる

動 แตก
pecah

台風で 家の 窓ガラスが われました。
たいふう いえ まど

กระจกหน้าต่างบ้านแตกเพราะไต้ฝุ่น
Kaca jendela rumah pecah akibat angin topan.

**593** 音
おと

名 เสียง
bunyi

外で 大きい 音が します。
そと おお おと

เสียงดังลั่นมาจากข้างนอก
Di luar ada bunyi yang keras.

➕ 声 เสียง (คน) / suara
こえ

| 594 | さわぐ | 上の 部屋の 人が 夜中に さわいで います。<br>うえ　へや　ひと　よなか |
|---|---|---|
| 動 | ส่งเสียงดัง เอะอะ<br>ribut | คนห้องข้างบนส่งเสียงดังตอนกลางดึก<br>Orang di kamar lantai atas ribut di tengah malam. |

| 595 | うるさい | この アパートは 車の 音が うるさいです。<br>くるま　おと |
|---|---|---|
| イ形 | หนวกหู<br>berisik | อพาร์ตเมนท์นี้เสียงรถยนต์ดังหนวกหู<br>Apartemen ini suara mobilnya berisik. |

➕ にぎやか 〈な〉 คึกคัก ครึกครื้น พลุกพล่าน / ramai

| 596 | どろぼう | きのう、家に どろぼうが 入りました。<br>いえ　　　　　　　　　はい |
|---|---|---|
| 名 | โจร ขโมย<br>pencuri | ขโมยขึ้นบ้านเมื่อวานนี้<br>Kemarin ada pencuri masuk ke dalam rumah. |

| 597 | ぬすむ | ダイヤモンドが ぬすまれました。 |
|---|---|---|
| 動 | ขโมย<br>mencuri | เพชรถูกขโมยไป<br>Intannya telah dicuri. |

| 598 | つかまえる | 母が どろぼうを つかまえました。<br>はは |
|---|---|---|
| 動 | จับกุม<br>menangkap | แม่จับขโมยได้<br>Ibu menangkap pencuri. |

| 599 | いじめる | 動物を いじめないで ください。<br>どうぶつ |
|---|---|---|
| 動 | กลั่นแกล้ง รังแก<br>mengganggu,<br>merundung, merisak | กรุณาอย่ารังแกสัตว์<br>Jangan mengganggu binatang! |

➕ いじめ การกลั่นแกล้ง / gangguan, perundungan, perisakan

| 600 | さわる | この ボタンに さわると、音が します。<br>おと |
|---|---|---|
| 動 | สัมผัส แตะ โดน<br>menyentuh | พอแตะที่ปุ่มนี้ เสียงจะดัง<br>Jika tombol disentuh, akan berbunyi. |

| 601 | ふむ | 電車で となりの 人に 足を ふまれました。<br>でんしゃ　　　　　　ひと　あし |
|---|---|---|
| 動 | เหยียบ<br>menginjak | โดนคนข้าง ๆ เหยียบเท้าบนรถไฟ<br>Kaki saya terinjak orang di samping saya di dalam kereta. |

**602** 理由
りゆう

名 เหตุผล
alasan

ちこくの 理由 は ねぼうです。
りゆう

เหตุผลที่มาสายคือตื่นสาย
Alasan saya terlambat adalah bangun kesiangan.

---

**603** 原因
げんいん

名 สาเหตุ
penyebab

きのうの けんかの 原因 は 何ですか。
げんいん　なん

สาเหตุที่ทะเลาะกันเมื่อวานคืออะไร
Apakah penyebab pertengkaran kemarin?

---

**604** １１０番
ひゃくとおばん

名 หมายเลข 110
(หมายเลขโทรศัพท์
เรียกตำรวจที่ญี่ปุ่น)
nomor layanan 110

どろぼうを 見たら、１１０番に 電話します。
み　　　　ひゃくとおばん　でんわ

ถ้าพบเห็นขโมย จะโทรไปที่หมายเลข 110
Jika melihat pencuri, saya akan menelepon nomor
layanan 110.

➕ １１９番 หมายเลข 119 (หมายเลขโทรศัพท์เรียกรถพยาบาลที่ญี่ปุ่น) /
ひゃくじゅうきゅうばん
nomor layanan 119

---

**605** 非常口
ひじょうぐち

名 ทางออกฉุกเฉิน
pintu darurat

ホテルの 非常口を かくにんしましょう。
ひじょうぐち

ตรวจสอบทางออกฉุกเฉินของโรงแรมกันเถอะ
Mari mengecek pintu darurat hotel.

➕ 非常時 กรณีฉุกเฉิน / pada waktu darurat
ひじょうじ

---

**606** にげる

動 หลบหนี
melarikan diri

どろぼうは この 窓から にげました。
まど

โจรหลบหนีไปทางหน้าต่างบานนี้
Pencuri melarikan diri dari jendela ini.

---

**607** いやな

ナ形 น่ารังเกียจ
menyebalkan

会社に いやな せんぱいが います。
かいしゃ

ที่บริษัทมีรุ่นพี่ที่น่ารังเกียจ
Di perusahaan ada senior yang menyebalkan.

---

**608** だめな

ナ形 ใช้ไม่ได้ ไม่ได้
tidak boleh

父に ペットは だめだと 言われました。
ちち　　　　　　　　　　い

พ่อบอกว่าเลี้ยงสัตว์ไม่ได้
Saya dilarang ayah memelihara binatang peliharaan.

| 609 | いけない | A「<u>いけない</u>。」 |
|---|---|---|
| | | B「どうしたの？」 |
| | | A「家に さいふを わすれて きちゃった。」 |
| イ形 | ไม่ไหว ไม่ได้การ<br>**Payah** | A：ไม่ได้การแล้ว |
| | | B：ทำไมเหรอ |
| | | A：ดันลืมกระเป๋าสตางค์ไว้ที่บ้านน่ะสิ |
| | | A：Payah. |
| | | B：Kenapa? |
| | | A：Saya ketinggalan dompet di rumah. |

# しゅみ

งานอดิเรก / Hobi/kegemaran

---

**610** つり

名 **การตกปลา**
**pancing**

休みの日、よく つり に 行きます。
<ruby>休<rt>やす</rt></ruby>み<ruby>日<rt>ひ</rt></ruby>　　　　　<ruby>行<rt>い</rt></ruby>

ไปตกปลาบ่อย ๆ ช่วงวันหยุด
Saya sering pergi memancing pada hari libur.

➕ つる ตกปลา / memancing

---

**611** 山登り
やまのぼ

名 **การปีนเขา**
**pendakian gunung**

ときどき 父と 山登り を します。
　　　　　<ruby>父<rt>ちち</rt></ruby>　<ruby>山登<rt>やまのぼ</rt></ruby>り

ปีนเขากับพ่อบ้างบางครั้ง
Kadang-kadang saya mendaki gunung dengan ayah.

➕ 登山 〈する〉 ปีนเขา / mendaki gunung
とざん

---

**612** キャンプ 〈する〉

名 **การตั้งแคมป์**
**berkemah**

春に なったら、キャンプ に 行きましょう。
<ruby>春<rt>はる</rt></ruby>　　　　　　　　　　　<ruby>行<rt>い</rt></ruby>

ถ้าเข้าฤดูใบไม้ผลิแล้ว ไปตั้งแคมป์กันเถอะ
Mari pergi berkemah kalau sudah musim semi.

---

**613** まんが

名 **หนังสือการ์ตูนญี่ปุ่น**
**มังงะ**
**komik**

日本の まんが は 海外でも 読まれて います。
<ruby>日本<rt>にほん</rt></ruby>　　　　　<ruby>海外<rt>かいがい</rt></ruby>　<ruby>読<rt>よ</rt></ruby>

แม้แต่ในต่างประเทศก็อ่านหนังสือการ์ตูนญี่ปุ่น
Komik Jepang juga dibaca di luar negeri.

➕ まんが家 นักเขียนการ์ตูน / komikus

---

**614** アニメ

名 **การ์ตูนญี่ปุ่น อานิเมะ**
**animasi Jepang**

アニメ を 見て、日本が 好きに なりました。
　　　　<ruby>見<rt>み</rt></ruby>　<ruby>日本<rt>にほん</rt></ruby>　<ruby>好<rt>す</rt></ruby>

ดูอานิเมะแล้วก็ชื่นชอบญี่ปุ่นขึ้นมา
Saya jadi menyukai Jepang setelah menonton animasi Jepang.

---

**615** イラスト

名 **ภาพประกอบ**
**ilustrasi**

しょうらい イラスト の 仕事が したいです。
　　　　　　　　　　　<ruby>仕事<rt>しごと</rt></ruby>

ในอนาคตอยากทำงานเกี่ยวกับภาพประกอบ
Saya ingin melakukan pekerjaan ilustrasi di masa depan.

| 616 ☐ | ゲーム | 夜おそくまで ゲームを していて、<br>ねぼうしました。 |
|---|---|---|
| 名 | **เกม**<br>**game, permainan** | เล่นเกมจนดึกตื่น ก็เลยตื่นสาย<br>Saya bangun kesiangan karena bermain game sampai malam. |

| 617 ☐ | 茶道<br>さどう | 友だちに 茶道を 教えて もらいました。 |
|---|---|---|
| 名 | **การชงชา**<br>**upacara minum teh.** | เพื่อนสอนการชงชาให้<br>Saya diajari upacara minum teh oleh teman. |

| 618 ☐ | かぶき | 一度、かぶきを 見に 行きたいです。 |
|---|---|---|
| 名 | **ละครคาบุกิ**<br>**drama Jepang yang pemainnya laki-laki semua** | อยากไปดูละครคาบุกิสักครั้ง<br>Saya ingin pergi menonton drama kabuki barang satu kali. |

| 619 ☐ | おどり | 世界の おどりを 習って みたいです。 |
|---|---|---|
| 名 | **การเต้นรำ ระบำ**<br>**tarian** | อยากลองเรียนเต้นรำจากทั่วโลก<br>Saya ingin mempelajari tarian di dunia. |

➕ おどる เต้นรำ / menari・ダンス〈する〉การเต้นรำ / berdansa

| 620 ☐ | ドラマ | ニュースは 見ませんが、ドラマは よく 見ます。 |
|---|---|---|
| 名 | **ละคร**<br>**drama** | ไม่ดูข่าว แต่ดูละครบ่อย ๆ<br>Saya tidak menonton berita tetapi sering menonton drama. |

| 621 ☐ | 俳優<br>はいゆう | 好きな 俳優が 出る 映画を 見に 行きます。 |
|---|---|---|
| 名 | **ดารา นักแสดง (ชาย)**<br>**aktor** | จะไปดูหนังที่ดาราที่ชอบเล่น<br>Saya akan pergi menonton film yang dibintangi aktor kesukaan saya. |

➕ 女優 ดารา นักแสดง (หญิง) / aktris

| 622 ☐ | 曲<br>きょく | 日本の 曲を いつも 聞いて います。 |
|---|---|---|
| 名 | **เพลง**<br>**lagu** | ฟังเพลงญี่ปุ่นอยู่เสมอ<br>Saya selalu mendengarkan lagu Jepang. |

➕ 歌手 นักร้อง / penyanyi・音楽家 นักดนตรี / pemusik

**623**

クラシック

名 (ดนตรี) คลาสสิก
musik klasik

音楽は クラシック が 好きです。
おんがく　　　　　　　　　　す

ชอบดนตรีคลาสสิก
Dalam hal musik, saya suka musik klasik.

**624**

コンサート

名 คอนเสิร์ต
konser musik

明日、コンサートに 行きます。
あした　　　　　　　　　　い

พรุ่งนี้จะไปคอนเสิร์ต
Besok saya akan pergi ke konser musik.

**625**

小説
しょうせつ

名 นิยาย
novel

日本の 小説を 読んで みたいです。
にほん　しょうせつ　よ

อยากลองอ่านนิยายญี่ปุ่น
Saya ingin mencoba membaca novel Jepang.

➕ 小説家 นักเขียนนิยาย / pengarang novel, novelis
しょうせつ か

**626**

料理教室
りょうりきょうしつ

名 คลาสเรียนทำอาหาร
kelas memasak, kursus
memasak

先月から 料理教室に 通って います。
せんげつ　りょうりきょうしつ　かよ

ไปคลาสเรียนทำอาหารมาตั้งแต่เดือนก่อน
Saya mengikuti kursus memasak sejak bulan lalu.

➕ ピアノ教室 คลาสเรียนเปียโน / kelas piano, kursus piano ・
きょうしつ
英会話教室 คลาสเรียนสนทนาภาษาอังกฤษ / kelas
えいかい わ きょうしつ
percakapan bahasa Inggris, kursus percakapan bahasa Inggris

**627**

コンテスト

名 การประกวด การแข่งขัน
kontes, lomba

作文の コンテストに チャレンジします。
さくぶん

จะลงประกวดเขียนเรียงความ
Saya ingin mencoba ikut lomba mengarang.

**628**

楽しむ
たの

動 เพลิดเพลิน สนุกสนาน
menikmati

日本の 生活を 楽しんで います。
にほん　せいかつ　たの

สนุกกับการใช้ชีวิตในญี่ปุ่น
Saya menikmati kehidupan di Jepang.

| 629 ☐ | 楽しみ 〈な〉<br>たの | 私には 楽しみ が たくさん あります。(名)<br>わたし　　　たの<br>お正月に 帰国するのが 楽しみです。(ナ形)<br>しょうがつ　　きこく　　　　たの |
|---|---|---|
| 名<br>ナ形 | ตั้งตาคอย เฝ้ารอ<br>hal yang ingin dicoba,<br>dengan senang | ฉันมีสิ่งที่ตั้งตาคอยหลายอย่าง<br>เฝ้ารอที่จะกลับประเทศช่วงปีใหม่<br>Saya memiliki banyak hal yang ingin saya coba.<br>Saya menanti dengan senang mudik ke negara saya di<br>tahun baru. |
| 630 ☐ | きょうみ | 生け花に ずっと きょうみ が ありました。<br>い　ばな |
| 名 | ความสนใจ<br>minat | มีความสนใจเกี่ยวกับการจัดดอกไม้แบบญี่ปุ่น มาตลอด<br>Saya mempunyai minat terhadap ilmu merangkai bunga<br>sejak lama. |
| 631 ☐ | 録画 〈する〉<br>ろくが | テレビで 映画を 録画する のを わすれました。<br>えいが　　ろくが |
| 名 | การบันทึกภาพ<br>merekam video | ลืมอัดภาพยนตร์ทางทีวี<br>Saya lupa merekam film di televisi. |

➕ 録音 〈する〉 การบันทึกเสียง / merekam suara
ろくおん

| 632 ☐ | 集める<br>あつ | 子どもの とき、切手を 集めて いました。<br>こ　　　　　きって　あつ |
|---|---|---|
| 動 | รวบรวม สะสม<br>mengumpulkan,<br>mengoleksi | ตอนเด็ก ๆ สะสมแสตมป์<br>Saat kecil saya mengoleksi perangko. |

➕ (〜が) 集まる รวมตัว รวมกัน / 〜 berkumpul
あつ

# スポーツ

**กีฬา / Olahraga**

---

**633**

運動 〈する〉
うんどう

名　**การออกกำลังกาย**
**berolahraga**

けんこうの ためには 運動が いちばんです。
　　　　　　　　　　うんどう

เพื่อสุขภาพ การออกกำลังกายเป็นสิ่งที่ดีที่สุด
Olahraga nomor satu untuk kesehatan.

➕ 運動会 งานกีฬา / pesta olahraga
うんどうかい

---

**634**

走る
はし

動　**วิ่ง**
**berlari**

毎朝、３キロ 走って います。
まいあさ　　　　　はし

วิ่ง 3 กิโลเมตรทุกเช้า
Setiap pagi saya berlari 3 kilometer.

---

**635**

歩く
ある

動　**เดิน**
**berjalan kaki**

毎日、１時間以上 歩きます。
まいにち　じかんいじょう　ある

เดินมากกว่า 1 ชั่วโมงทุกวัน
Setiap hari saya berjalan kaki lebih dari 1 jam.

---

**636**

ジョギング 〈する〉

名　**การวิ่งจ๊อกกิ้ง**
**berlari pagi, berjoging**

毎朝、30分 ジョギングを して います。
まいあさ　　ぷん

วิ่งจ๊อกกิ้ง 30 นาทีทุกเช้า
Setiap pagi saya berlari pagi 30 menit.

---

**637**

伸ばす
の

動　**ยืด ขยาย**
**melakukan peregangan**
**badan, melakukan**
**pemanasan**

ジョギングの 前に 体を 伸ばしましょう。
　　　　　　まえ　からだ　の

ยืดเหยียดร่างกายก่อนวิ่งจ๊อกกิ้งกันเถอะ
Mari meregangkan badan sebelum berlari pagi!

➕ (〜が) 伸びる เลื่อนออกไป / 〜 memanjang
　　　　　の

---

**638**

試合
しあい

名　**การแข่งขัน**
**pertandingan**

もし 雨が 降っても、試合は あります。
　　　あめ　ふ　　　　しあい

ถึงฝนจะตก การแข่งขันก็ยังคงมีต่อไป
Kalau turun hujan sekalipun, tetap ada pertandingan.

---

**639** 大会
たいかい

名 การแข่งขันครั้งใหญ่
kejuaraan

もうすぐ 柔道の 大会が あります。
じゅうどう　たいかい

อีกไม่นานก็จะมีการแข่งขันยูโดครั้งใหญ่
Sebentar lagi ada kejuaraan judo.

---

**640** ワールドカップ

名 ฟุตบอลโลก
piala dunia

ワールドカップで 優勝したいです。
ゆうしょう

อยากชนะฟุตบอลโลก
Saya ingin menjuarai piala dunia.

---

**641** 行う
おこな

動 จัด (งาน)
melaksanakan

１９９８年に 日本で 冬の オリンピックが
せんきゅうひゃく(きゅうじゅうはち)ねん　にほん　ふゆ
行われました。
おこな

การแข่งขันกีฬาโอลิมปิกฤดูหนาวจัดขึ้นที่ญี่ปุ่นในปี 1998
Pada tahun 1998, dilaksanakan olimpiade musim dingin
di Jepang.

---

**642** 中止 〈する〉
ちゅうし

名 การยกเลิกกลางคัน
การหยุดชะงัก
dibatalkan

台風が 来たら、試合は 中止するそうです。
たいふう　き　しあい　ちゅうし

ได้ยินว่าการแข่งขันยกเลิกกลางคันตอนที่ได้ฝนเข้า
Pada waktu terjadi angin topan, sepertinya pertandingan
akan dibatalkan.

---

**643** 選手
せんしゅ

名 นักกีฬา
pemain (olahraga),
atlet

しょうらい、オリンピックの 選手に なりたいです。
せんしゅ

ในอนาคตอยากเป็นนักกีฬาโอลิมปิก
Di masa depan saya ingin menjadi atlet olimpiade.

---

**644** チーム

名 ทีม
tim

大好きな チームが 負けて しまいました。
だいす　ま

ทีมที่ฉันชื่นชอบมากพ่ายแพ้ไปแล้ว
Tim kesukaan saya kalah.

---

**645** 勝つ
か

動 ชนะ
menang

きのうの ゲームは 日本が 勝ちました。
にほん　か

เกมเมื่อวานนี้ญี่ปุ่นชนะ
Jepang menang dalam pertandingan kemarin.

---

**646** 優勝 〈する〉
ゆうしょう

名 ชนะเลิศ
menjuarai

テニスの 大会で 優勝しました。
たいかい　ゆうしょう

ชนะเลิศการแข่งขันเทนนิสครั้งใหญ่
Saya menjuarai kejuaraan tenis lapangan.

---

**647** 負ける
ま

もし 負けても、また 次が あります。
ま　　　　　　　　つぎ

動　แพ้
kalah

ถึงจะแพ้ แต่ก็ยังมีครั้งหน้า
Kalau pun kalah, masih ada (pertandingan) berikutnya.

---

**648** おうえん〈する〉

好きな チームを おうえんします。
す

名　การเชียร์ การให้กำลังใจ
mendukung

จะเชียร์ทีมที่ชอบ
Saya mendukung tim kesukaan saya.

---

**649** コース

私の ジョギングの コースは 5キロです。
わたし

名　คอร์ส ระยะทาง
lintasan

ระยะทางการจ็อกกิ้งของฉันคือ 5 กิโลเมตร
Lintasan lari pagi saya adalah 5 kilometer.

---

**650** 会場
かいじょう

剣道の 会場は こちらです。
けんどう　かいじょう

名　บริเวณที่จัดงาน
สถานที่จัดงาน
tempat pelaksanaan

บริเวณที่จัดงานเคนโด้อยู่ทางนี้
Tempat pelaksanaan kendo di sini.

---

**651** スタート〈する〉

選手が いっしょに スタートしました。
せんしゅ

名　การเริ่มต้น การออกตัว
memulai

นักกีฬาออกตัวพร้อมกัน
Para pemain memulai bersama.

↔ ゴール 〈する〉

---

**652** 失敗 〈する〉
しっぱい

もし 失敗しても、また がんばれば いいです。
しっぱい

名　ความล้มเหลว
การพลาดท่า
gagal

ถึงจะพลาดไป แต่ก็พยายามสู้อีกครั้งดีกว่านะ
Kalaupun gagal tidak apa-apa asal berjuang kembali.

---

**653** 柔道
じゅうどう

柔道は 日本で 生まれた スポーツです。
じゅうどう　にほん　う

名　ยูโด
judo

ยูโดเป็นกีฬาที่กำเนิดขึ้นในญี่ปุ่น
Judo adalah olahraga yang lahir di Jepang.

➕ 剣道 เคนโด้ / kendo・すもう ซูโม่ / sumo
けんどう

---

**654** 水泳
すいえい

子どもの とき、水泳が きらいでした。
こ　　　　　すいえい

名　การว่ายน้ำ
renang

ตอนเด็ก ๆ เกลียดการว่ายน้ำ
Saya benci renang ketika anak-anak.

| 655 野球<br><small>や きゅう</small> | 野球は 日本で 人気の スポーツです。<br><small>や きゅう　に ほん　にん き</small> |
|---|---|
| 名 **เบสบอล**<br>**bisbol** | เบสบอลเป็นกีฬาที่ได้รับความนิยมในญี่ปุ่น<br>Bisbol adalah olahraga yang populer di Jepang. |

➕ プロ野球 เบสบอลอาชีพ / bisbol profesional・<br><small>や きゅう</small>

高校野球 เบสบอลระดับโรงเรียนมัธยมปลาย / bisbol SMA<br><small>こうこう や きゅう</small>

| 656 投げる<br><small>な</small> | 彼が 投げる ボールは とても 速いです。<br><small>かれ　な　　　　　　　　　　はや</small> |
|---|---|
| 動 **ขว้าง**<br>**melempar** | ลูกบอลที่เขาขว้างเร็วมาก<br>Bola yang dia lempar sangat cepat. |

| 657 スポーツクラブ | うちの 近くの スポーツクラブは 安くて<br><small>ちか　　　　　　　　　　　　やす</small><br>便利です。<br><small>べん り</small> |
|---|---|
| 名 **สปอร์ตคลับ**<br>**klub olahraga** | สปอร์ตคลับใกล้ ๆ บ้านถูกและสะดวกสบาย<br>Klub olahraga di dekat rumah saya murah dan praktis. |

➕ スポーツジム โรงยิม / tempat kebugaran

## これも
## おぼえよう！ ❸

⚽ **スポーツ**　กีฬา / Olahraga

| | |
|---|---|
| クリケット | คริกเกต / kriket |
| バスケットボール | บาสเกตบอล / basket |
| バレーボール | วอลเลย์บอล / bola voli |
| バドミントン | แบดมินตัน / badminton |
| ピンポン（たっきゅう） | ปิงปอง / tenis meja |
| マラソン | วิ่งมาราธอน / lari maraton |
| ラグビー | รักบี้ / rugbi |
| 水泳 | ว่ายน้ำ / renang |
| スケート | สเกต / skateboard |
| スキー | สกี / ski |

# Chapter

# 6

# けんこうと ようす

### สุขภาพและสภาพ
### Keadaan kesehatan

| | | | 単語 No.<br>たんご |
|---|---|---|---|
| **1** | **体・けんこう**<br>からだ | ร่างกายและสุขภาพ /<br>Badan・Kesehatan | **658 ～ 691** |
| **2** | **病気・けが**<br>びょうき | ความเจ็บป่วยและอาการบาดเจ็บ /<br>Sakit・Cidera/luka | **692 ～ 716** |
| **3** | **ファッション** | แฟชั่น / Busana | **717 ～ 734** |
| **4** | **ようす①** | สภาพ ① / Keadaan ① | **735 ～ 750** |
| **5** | **ようす②** | สภาพ ② / Keadaan ② | **751 ～ 781** |

# 体・けんこう
からだ

ร่างกายและสุขภาพ / Badan・Kesehatan

**658**

髪
かみ

名 เส้นผม
rambut

山田さんは 髪が 長いです。
やまだ　　　かみ　　なが

คุณยามาดะผมยาว
Yamada-san rambutnya panjang.

　　　　　　　　　　　　　　　　= 髪の毛
　　　　　　　　　　　　　　　　　かみ　け

**659**

おでこ

名 หน้าผาก
jidat

熱が ある とき、おでこを 冷やします。
ねつ　　　　　　　　　　　　　ひ

เวลามีไข้ จะทำให้หน้าผากเย็นลง
Pada waktu demam, saya mengompres jidat.

　　　　　　　　　　　　　　　　= ひたい

**660**

あご

名 คาง กราม
dagu/janggut

ガムを かむのは あごに いいそうです。

ได้ยินว่าการเคี้ยวหมากฝรั่งดีต่อกราม
Mengunyah permen karet katanya bagus untuk dagu.

**661**

ひげ

名 หนวด
kumis

父は 若い とき、ひげが ありました。
ちち　わか

ตอนหนุ่ม ๆ พ่อมีหนวด
Ayah berkumis pada waktu muda.

　　　　　　　　　　　　　+ あごひげ เครา / jenggot

**662**

くちびる

名 ริมฝีปาก
bibir

彼女の くちびるは とても かわいいです。
かのじょ

ริมฝีปากของเธอน่ารักมาก
Bibirnya (perempuan) sangat cantik.

**663**

首
くび

名 คอ
leher

朝 起きたら、首が 痛かったです。
あさ お　　　　くび　いた

พอตื่นมาตอนเช้าก็ปวดคอแล้ว
Leher saya sakit begitu bangun tidur.

**664**
☐ のど
名 **คอ ลำคอ**
**tenggorokan**

のどに いい 薬は ありますか。
（くすり）

มียาที่ดีกับคอไหม
Adakah obat yang bagus untuk tenggorokan?

**665**
☐ 肩
　 かた
名 **บ่า ไหล่**
**pundak**

肩が 痛いです。
かた　いた

เจ็บไหล่
Pundak saya sakit.

**666**
☐ うで
名 **แขน**
**pergelangan tangan**

うでを 回して ください。
　　まわ

กรุณาหมุนแขน
Putarlah pergelangan tangan Anda!

**667**
☐ ひじ
名 **ข้อศอก**
**siku**

右の ひじが 赤く なって います。
みぎ　　　　あか

ข้อศอกขวาแดง
Siku kanan saya memerah.

**668**
☐ 背中
　 せ なか
名 **หลัง**
**punggung**

背中を まっすぐに して ください。
せ なか

กรุณายืดหลังตรง
Luruskan punggung!

**669**
☐ 胃
　 い
名 **กระเพาะ ท้อง**
**lambung**

ごはんを 食べすぎて、胃が 痛いです。
　　　　　た　　　　い　いた

กินข้าวเยอะเกินไปเลยปวดท้อง
Lambung saya sakit karena kebanyakan makan.

**670**
☐ こし
名 **เอว สะโพก**
**pinggul**

こしが 痛くて、歩けません。
　　　いた　　　ある

ปวดเอวจนเดินไม่ไหว
Saya tidak bisa berjalan kaki karena pinggul saya sakit.

**671**
☐ ひざ
名 **หัวเข่า**
**lutut**

走ったら、ひざの 調子が 悪く なりました。
はし　　　　　ちょうし　わる

พอวิ่งแล้วอาการของเข่าก็แย่ลง
Kondisi lutut saya memburuk sehabis berlari.

**672**
☐ ［お］しり
名 **ก้น**
**pantat**

ずっと 座って いたので、おしりが 痛いです。
　　　すわ　　　　　　　　　　いた

นั่งนานเลยเจ็บก้น
Pantat saya sakit karena duduk terus-menerus.

**673** 指
ゆび

名 นิ้วมือ
jari

バレーボールで 指 の 骨 を 折りました。
ゆび　ほね　お

กระดูกนิ้วหักจากกวอลเลย์บอล
Tulang jari saya patah karena bermain bola voli.

➕ 親指 นิ้วโป้ง / jempol・人さし指 นิ้วชี้ / jari telunjuk・中指 นิ้วกลาง / jari tengah・
おやゆび　　　　　　　　　　　ひと　ゆび　　　　　　　　　　　　なかゆび
くすり指 นิ้วนาง / jari manis・小指 นิ้วก้อย / jari kelingking
ゆび　　　　　　　　　　こゆび

**674** つめ

名 เล็บ
kuku

毎日、つめを きれいに みがきます。
まいにち

ขัดเล็บให้สวยทุกวัน
Setiap hari saya selalu memoles kuteks kuku dengan
cantik.

**675** 骨
ほね

名 กระดูก
tulang

カルシウムは 骨 に いいそうです。
ほね

ได้ยินว่าแคลเซียมดีต่อกระดูก
Kalsium katanya bagus untuk tulang.

**676** 血
ち

名 เลือด
darah

すべって、足から 血 が 出ました。
あし　　ち　で

ลื่นล้ม ขาเลยเลือดออก
Saya terpeleset dan kaki saya berdarah.

**677** 力
ちから

名 กำลัง แรง
tenaga

私より 妹 の ほうが 力 が あります。
わたし　いもうと　　　　ちから

น้องสาวแรงเยอะกว่าฉัน
Adik perempuan saya lebih kuat tenaganya dari pada
saya.

➕ 体力 พละกำลัง / kekuatan tubuh
たいりょく

**678** 身長
しんちょう

名 ส่วนสูง
tinggi badan

1年で 身長 が 10 センチも 高く なりました。
ねん　しんちょう　　じゅっ　　　たか

ส่วนสูงเพิ่มขึ้นตั้ง 10 เซนติเมตรใน 1 ปี
Tinggi badan saya bertambah tinggi hingga 10 centimeter
dalam setahun.

**679** 体重
たいじゅう

名 น้ำหนัก
berat badan

毎日、体重 を チェックして います。
まいにち　たいじゅう

ชั่งน้ำหนักทุกวัน
Saya selalu mengecek berat badan setiap hari.

➕ 体重計 เครื่องชั่งน้ำหนัก / timbangan berat badan
たいじゅうけい

**680**

女性
じょせい

名 ผู้หญิง เพศหญิง
perempuan

私が 行く 病院の 先生は 女性です。
わたし い びょういん せんせい じょせい

หมอโรงพยาบาลที่ฉันไปหาเป็นผู้หญิง
Dokter rumah sakit yang akan saya kunjungi adalah perempuan.

**681**

男性
だんせい

名 ผู้ชาย เพศชาย
laki-laki

男性の トイレは 2階に あります。
だんせい かい

ห้องน้ำชายอยู่ชั้น 2
Kamar kecil laki-laki ada di lantai 2.

**682**

けんこう〈な〉

名
ナ形
สุขภาพแข็งแรง
สุขภาพดี
kesehatan/sehat

けんこうの ために 野菜を 食べています。(名)
やさい た

けんこうな 体を つくろう。(ナ形)
からだ

กินผักเพื่อสุขภาพที่แข็งแรง
มาสร้างร่างกายที่แข็งแรงกันเถอะ
Saya makan sayur untuk kesehatan.
Mari membentuk badan yang sehat.

➕ けんこう診断 การตรวจสุขภาพ / cek kesehatan
しんだん

**683**

じょうぶな

ナ形 แข็งแรง ทนทาน
kuat

運動したら、体が じょうぶに なりました。
うんどう からだ

พอออกกำลังกายแล้ว ร่างกายก็แข็งแรงขึ้น
Kalau berolahraga badan menjadi kuat.

**684**

ビタミン

名 วิตามิน
vitamin

この 食事は ビタミンが 足りません。
しょくじ た

อาหารมื้อนี้มีวิตามินไม่เพียงพอ
Makanan ini kandungan vitaminnya kurang.

➕ ビタミンA วิตามิน A / vitamin A・ビタミンC วิตามิน C / vitamin C
エー シー

**685**

太る
ふと

動 อ้วน
gemuk

寝る前に 食べたので、太って しまいました。
ね まえ た ふと

อ้วนเพราะกินอาหารก่อนนอน
Saya menjadi gemuk karena makan sebelum tidur.

**686**

やせる

動 ผอม
kurus

運動しても、なかなか やせません。
うんどう

ออกกำลังกายยังไงก็ไม่ผอมสักที
Meskipun sudah berolahraga tetap tidak menjadi kurus.

| 687 ☐ | ダイエット〈する〉 | むりな ダイエットは やめましょう。 |
|---|---|---|
| 名 | ไดเอท การลดน้ำหนัก<br>melakukan diet | เลิกลดน้ำหนักที่เกินกำลังเถอะ<br>Mari berhenti melakukan diet yang berlebihan! |
| 688 ☐ | やめる | 父は 先月から たばこを やめました。<br><small>ちち　せんげつ</small> |
| 動 | เลิก<br>berhenti | พ่อเลิกบุหรี่ตั้งแต่เดือนที่แล้ว<br>Ayah berhenti merokok sejak bulan lalu. |
| 689 ☐ | 気をつける<br><small>き</small> | けんこうに 気をつけましょう。<br><small>き</small> |
| 動 | ระวัง เอาใจใส่<br>berhati-hati | มาเอาใจใส่สุขภาพกันเถอะ<br>Mari perhatikan kesehatan kita. |
| 690 ☐ | (のどが) かわく | とても のどが かわきました。 |
| 動 | (คอ) แห้ง<br>tenggorokan haus | คอแห้งมาก<br>Tenggorokan saya sangat haus. |

➕ からから แห้งผาก / tenggorokan kering

| 691 ☐ | (おなかが) すく | スポーツを すると、おなかが すきます。 |
|---|---|---|
| 動 | หิว (ท้อง) ว่าง<br>perut lapar | พอเล่นกีฬา ก็จะหิวข้าว<br>Setelah berolahraga perut menjadi lapar. |

➕ ぺこぺこ ท้องร้อง / keroncongan

## Section **2**

# 病気・けが
びょうき

ความเจ็บป่วยและ อาการบาดเจ็บ / Sakit · Cidera/luka

**692**

| インフルエンザ | インフルエンザで 5日間 学校を 休みました。<br>いっ か かん がっこう やす |
|---|---|
| 名 **ไข้หวัดใหญ่**<br>influenza | หยุดโรงเรียน 5 วันเพราะไข้หวัดใหญ่<br>Saya tidak masuk sekolah 5 hari karena sakit influenza. |

**693**

| かぜをひく | 子どもの とき、よく かぜを ひきました。<br>こ |
|---|---|
| 動 **เป็นหวัด**<br>masuk angin | ตอนเด็ก ๆ เป็นหวัดบ่อย<br>Pada waktu anak-anak, saya sering masuk angin. |

**694**

| 熱<br>ねつ | ３９度も 熱が 出て、学校へ 行けません。<br>さんじゅうく ど ねつ で がっこう い |
|---|---|
| 名 **ไข้**<br>demam | ไข้ขึ้นตั้ง 39 องศา เลยไปโรงเรียนไม่ได้<br>Saya tidak bisa pergi ke sekolah karena demam hingga 39 derajat. |

**695**

| 体温計<br>たいおんけい | 体温計で 熱を はかります。<br>たいおんけい ねつ |
|---|---|
| 名 **ปรอทวัดไข้**<br>termometer | วัดไข้ด้วยปรอท<br>Saya mengukur demam dengan termometer. |

**696**

| やけど〈する〉 | やかんの おゆで やけどしました。 |
|---|---|
| 名 **ลวก**<br>luka bakar | โดนน้ำร้อนในกาลวก<br>Saya mengalami luka bakar akibat air mendidih di cerek. |

**697**

| けが〈する〉 | サッカーで ひざに けがを しました。 |
|---|---|
| 名 **อาการบาดเจ็บ**<br>cidera | ได้รับบาดเจ็บที่หัวเข่าตอนเล่นฟุตบอล<br>Lutut saya cidera dalam permainan sepak bola. |

**698**

| きず | この きずは すぐ よく なるでしょう。 |
|---|---|
| 名 **แผล**<br>luka | แผลนี้คงจะดีขึ้นในไม่ช้า<br>Luka ini mungkin akan segera sembuh. |

658-781

**699 調子** (ちょうし)

胃の 調子が 悪かったので、薬を 飲みました。
（い・ちょうし・わる・くすり・の）

名 อาการ สภาพ
keadaan

อาการของกระเพาะอาหารไม่ดีเลยกินยา
Saya minum obat karena keadaan lambung saya buruk.

**700 おかしい**

おなかの 調子が おかしいので、
学校を 休みます。
（ちょうし・がっこう・やす）

イ形 แปลก
aneh

ท้องมีอาการแปลก ๆ เลยหยุดเรียน
Karena keadaan perut saya tidak enak, saya tidak masuk sekolah.

➕ （調子が）へんな (อาการ) แปลก ๆ / keadaannya aneh
（ちょうし）

**701 具合** (ぐあい)

きのうから 体の 具合が よくないです。
（からだ・ぐあい）

名 สภาพ อาการ
kondisi

สภาพร่างกายไม่ดีมาตั้งแต่เมื่อวาน
Kondisi badan saya tidak baik dari kemarin.

**702 気持ちが悪い** (きもちがわるい)

お酒を 飲みすぎて、気持ちが 悪いです。
（さけ・の・きも・わる）

イ形 คลื่นไส้ พะอืดพะอม
mual

ดื่มเหล้ามากเกินไปเลยคลื่นไส้
Saya mual karena kebanyakan minum sake.

👉 ใช้เวลาที่มีความรู้สึกอยากจะอาเจียน และใช้เวลาที่เห็นบางสิ่งบางอย่างที่ไม่น่าดูหรือน่ารังเกียจได้เช่นกัน / Digunakan ketika hampir muntah atau melihat sesuatu yang tidak nyaman atau hal yang menjijikan, dan lain-lain.

**703 倒れる** (たお)

①地震で 家が 倒れました。
（じしん・いえ・たお）
②きのうの 夜、祖母が 倒れました。
（よる・そぼ・たお）

動 พังทลาย ล้ม
jatuh/ambruk/roboh/pingsan

① บ้านถล่มเพราะแผ่นดินไหว
② คุณยายล้มเมื่อคืนวาน
① Rumahnya roboh akibat gempa bumi.
② Kemarin malam nenek pingsan.

➕ （〜を）倒す โค่นให้ล้ม / merobohkan 〜
（たお）

👉 ① พังทลาย ถล่ม ② ล้มป่วย / ① jatuh ambruk atau rubuh ② pingsan karena saki

**704 診る** (み)

いつも 近所の お医者さんに 診て もらいます。
（きんじょ・いしゃ・み）

動 ตรวจ
memeriksa kesehatan

คุณหมอที่อยู่ใกล้บ้านตรวจให้อยู่เสมอ
Saya selalu memeriksakan kesehatan ke dokter di dekat rumah.

➕ 保険証 บัตรประกันสุขภาพ / kartu asuransi
（ほけんしょう）

| 705 □ | (よこに) なる | 医者「では、そちらに よこに <u>なって</u>ください。」<br>いしゃ |
|---|---|---|
| 動 | **เอนตัวลงนอน**<br>berbaring | คุณหมอ : เอาละ ช่วยนอนลงตรงนั้นนะครับ<br>Dokter : Silakan berbaring di situ. |

| 706 □ | ぬる | 1日に 3回、きずに 薬を <u>ぬり</u>ます。<br>にち　　かい　　　　　くすり |
|---|---|---|
| 動 | **ทา**<br>mengoles | ทายาที่แผลวันละ 3 ครั้ง<br>Sehari 3 kali mengoles obat pada luka. |

| 707 □ | 治す<br>なお | 早く 寝て、かぜを <u>治して</u> ください。<br>はや　ね　　　　　　　なお |
|---|---|---|
| 動 | **รักษา หาย**<br>**(จากอาการป่วย)**<br>menyembuhkan | รีบเข้านอนจะได้หายหวัด<br>Tidurlah cepat agar segera sembuh! |

| 708 □ | 治る<br>なお | 薬を 飲んだら、かぜが <u>治り</u>ました。<br>くすり　の　　　　　　　　なお |
|---|---|---|
| 動 | **(อาการป่วย) หาย**<br>sembuh | หลังจากกินยา หวัดก็หาย<br>Masuk angin saya sembuh setelah minum obat. |

➕ よくなる ดีขึ้น / membaik

658-781

| 709 □ | 入院 〈する〉<br>にゅういん | 足の けがで <u>入院し</u>ました。<br>あし　　　　　　にゅういん |
|---|---|---|
| 名 | **การเข้าโรงพยาบาล**<br>opname di rumah sakit | เข้าโรงพยาบาลเพราะบาดเจ็บที่เท้า<br>Saya opname di rumah sakit karena cidera kaki. |

| 710 □ | 退院 〈する〉<br>たいいん | 病気が 治ったので、明日 <u>退院し</u>ます。<br>びょうき　なお　　　　　あした　たいいん |
|---|---|---|
| 名 | **การออกจาก**<br>**โรงพยาบาล**<br>pulang dari opname di<br>rumah sakit | หายป่วยแล้ว พรุ่งนี้จะออกจากโรงพยาบาล<br>Karena sakitnya sudah sembuh, besok akan pulang dari<br>rumah sakit. |

| 711 □ | [お] 見まい<br>み | 友だちの <u>お見まい</u>に 行きました。<br>とも　　　　　み　　　　い |
|---|---|---|
| 名 | **การเยี่ยมไข้**<br>**การเยี่ยมผู้ป่วย**<br>membesuk | ไปเยี่ยมไข้เพื่อน<br>Saya pergi membesuk teman saya. |

| 712 □ | 生きる<br>い | 100 さいまで <u>生き</u>たいです。<br>ひゃく　　　　い |
|---|---|---|
| 動 | **มีชีวิต**<br>hidup | อยากมีชีวิตถึงอายุ 100 ปี<br>Saya ingin hidup hingga 100 tahun. |

**713**

亡くなる
<ruby>な<rt></rt></ruby>

動 **เสียชีวิต**
**meninggal dunia**

となりの 家の おばあさんが 亡くなりました。
<ruby>いえ<rt></rt></ruby> <ruby>な<rt></rt></ruby>

คุณยายข้างบ้านเสียแล้ว
Nenek di samping rumahku meninggal dunia.

■ 死ぬ ✚ そう式 งานศพ / upacara pemakaman
<ruby>し<rt></rt></ruby> <ruby>しき<rt></rt></ruby>

👉 死ぬ จะค่อนข้างตรงเกินไป ควรใช้ 亡くなる จะดีกว่า
Istilah 死ぬ sangat eksplisit, jadi sebaiknya menggunakan istilah 亡くなる.

**714**

救急車
<ruby>きゅうきゅうしゃ<rt></rt></ruby>

名 **รถพยาบาล**
**mobil ambulans**

１１９番で 救急車を よびます。
<ruby>ひゃくじゅうきゅう<rt></rt></ruby> <ruby>ばん<rt></rt></ruby> <ruby>きゅうきゅうしゃ<rt></rt></ruby>

เรียกรถพยาบาลด้วยหมายเลข 119
Saya akan memanggil ambulans dengan menelepon nomor layanan 119.

✚ パトカー รถตำรวจ / mobil patroli polisi

👉 119 อ่านว่า いちいちきゅう ก็ได้ / 119 juga dibaca いちいちきゅう.

**715**

歯医者
<ruby>は<rt></rt></ruby><ruby>いしゃ<rt></rt></ruby>

名 **หมอฟัน ทันตแพทย์**
**dokter gigi**

子どもが 歯医者で 泣いて います。
<ruby>こ<rt></rt></ruby> <ruby>は<rt></rt></ruby><ruby>いしゃ<rt></rt></ruby> <ruby>な<rt></rt></ruby>

ลูกร้องไห้ต่อหน้าหมอฟัน
Anak saya menangis di dokter gigi.

**716**

看護師
<ruby>かんごし<rt></rt></ruby>

名 **พยาบาล**
**perawat kesehatan,**
**perawat medis**

姉は 看護師を して います。
<ruby>あね<rt></rt></ruby> <ruby>かんごし<rt></rt></ruby>

พี่สาวเป็นพยาบาล
Kakak perempuan saya bekerja sebagai perawat kesehatan.

# ファッション

แฟชั่น / Busana

---

**717**

スーツ

毎日、<u>スーツ</u>を 着て、会社に 行きます。
き　　　かいしゃ　い

名　สูท
jas

ใส่สูทไปบริษัททุกวัน
Setiap hari berangkat kerja mengenakan jas.

---

**718**

着物
きもの

成人式には たくさんの 人が <u>着物</u>を 着ます。
せいじんしき　　　　　　ひと　　きもの　き

名　ชุดกิโมโน
baju kimono, baju
tradisional Jepang

หลาย ๆ คนจะสวมชุดกิโมโนในพิธีบรรลุนิติภาวะ
Pada perayaan hari kedewasaan, banyak orang yang
mengenakan kimono.

---

**719**

くつ下
した

冬は <u>くつ下</u>を はいて 寝ます。
ふゆ　　した　　　　　ね

名　ถุงเท้า
kaus kaki

ช่วงฤดูหนาวจะใส่ถุงเท้านอน
Saya tidur dengan memakai kaus kaki di musim dingin.

■ ソックス

---

**720**

下着
したぎ

旅行の バッグに <u>下着</u>を 入れました。
りょこう　　　　　　したぎ　い

名　ชุดชั้นใน
pakaian dalam

ใส่ชุดชั้นในลงในกระเป๋าเดินทาง
Saya memasukkan pakaian dalam ke dalam tas untuk
berwisata.

---

**721**

手ぶくろ
て

冬は <u>手ぶくろ</u>を して、出かけます。
ふゆ　　て　　　　　　で

名　ถุงมือ
sarung tangan

ช่วงฤดูหนาวจะสวมถุงมือออกไปข้างนอก
Saya bepergian dengan memakai sarung tangan di musim
dingin.

➕ マフラー　ผ้าพันคอ / selendang, syal

---

**722**

指輪
ゆびわ

これは <u>母</u>から もらった <u>指輪</u>です。
はは　　　　　　ゆびわ

名　แหวน
cincin

นี่เป็นแหวนที่ได้มาจากแม่
Ini adalah cincin yang saya dapat dari ibu saya.

➕ 婚約指輪　แหวนหมั้น / cincin pertunangan・結婚指輪　แหวนแต่งงาน / cincin perkawinan
こんやくゆびわ　　　　　　　　　　　　　　けっこんゆびわ

**723** サンダル

名 รองเท้าแตะ
sandal

歩きやすい サンダル を さがして います。
ある

กำลังหารองเท้าแตะที่เดินสบาย ๆ
Saya mencari sandal yang nyaman untuk berjalan kaki.

➕ ブーツ รองเท้าบูท / sepatu lars

---

**724** リュック

名 กระเป๋าเป้
tas punggung,
tas gendong

この リュック には 教科書が たくさん 入って
きょうかしょ                              はい
います。

กระเป๋าเป้ใบนี้มีหนังสือเรียนใส่ไว้หลายเล่ม
Banyak buku pelajaran di dalam tas punggung ini.

---

**725** アクセサリー

名 เครื่องประดับ
perhiasan, aksesoris

仕事の ときは アクセサリー を しません。
しごと

เวลาทำงานจะไม่ใส่เครื่องประดับ
Saya tidak memakai perhiasan pada waktu bekerja.

---

**726** ポケット

名 กระเป๋า (เล็ก)
saku, kantong

この バッグは ポケット が 多いです。
おお

กระเป๋าใบนี้มีกระเป๋าเล็กหลายช่อง
Tas ini kantongnya banyak.

---

**727** ひも

名 เชือก
tali

この くつの ひも は きれいです。

เชือกรองเท้าเส้นนี้สวย
Tali sepatu ini cantik.

---

**728** 髪型
かみがた

名 ทรงผม
model rambut

どんな 髪型 が 好きですか。
     かみがた     す

ชอบทรงผมแบบไหน
Anda suka model rambut yang seperti apa?

⚌ ヘアスタイル   ➕ ショート（ヘア）ผมสั้น / rambut pendek ・

ロング（ヘア）ผมยาว / rambut panjang ・

パーマ ผมดัด / keriting

---

**729** 美容院
びよういん

名 ร้านเสริมสวย
salon kecantikan

あの 美容院 は とても 高いです。
     びよういん        たか

ร้านเสริมสวยร้านนั้นแพงมาก
Salon kecantikan itu sangat mahal.

👉 ควรออกเสียงให้ชัดเจนเพื่อแยกความแตกต่างกับคำว่า 病院
Lafalkanlah kata ini dengan memperhatikan perbedaannya dengan lafal 病院 .

**730** カット〈する〉

いつも あの 美容院で カットして います。
びょういん

名 **การตัด**
**memotong rambut**

ปกติจะตัด (ผม) ที่ร้านเสริมสวยร้านนั้น
Saya selalu potong rambut di salon kecantikan itu.

**731** かがみ

出かける 前に かがみで チェックします。
て　　まえ

名 **กระจกเงา**
**kaca**

จะตรวจความเรียบร้อยหน้ากระจกก่อนออกจาก บ้าน
Saya berkaca untuk mengecek (penampilan) sebelum bepergian.

**732** かっこいい

かっこいい ヘアスタイルに したいです。

イ形 **ดูดี เก๋ เท่**
**keren**

อยากทำทรงผมเก๋ ๆ
Saya ingin model rambut yang keren.

**733** かわいい

妹は かわいい 服が 大好きです。
いもうと　　　　　ふく　だいす

イ形 **น่ารัก**
**lucu/cantik**

น้องสาวชอบเสื้อผ้าน่ารัก ๆ มาก
Adik perempuan saya sangat menyukai baju yang lucu.

**734** ちょうどいい

この バッグは ちょうどいい サイズです。

イ形 **พอดี พอเหมาะ**
**pas sekali**

กระเป๋าใบนี้ขนาดพอดี
Tas ini ukurannya pas sekali.

658-781

# ようす① 名詞・ナ形容詞

## スภาพ ① / Keadaan ①

**735** ようす

暗くて、外の <u>ようす</u>が よく わかりません。

**名** สภาพ ลักษณะ
situasi

มืดเลยไม่รู้ว่าสภาพข้างนอกเป็นอย่างไร
Saya tidak tahu situasi di luar karena gelap.

**736** 形

この クッキーは 星の <u>形</u>です。

**名** รูปร่าง
bentuk

คุกกี้นี้เป็นรูปดาว
Kue kering ini berbentuk bintang.

**737** 倍

これは あのケーキの 2<u>倍</u>の ねだんです。

**名** เท่า
berlipat

อันนี้ราคาเป็น 2 เท่าของเค้กชิ้นนั้น
Ini harganya dua kali lipat kue yang itu.

**738** 以上

夏は 30度<u>以上</u>の 日が 何日も あります。

**名** มากกว่า
-atau lebih

ฤดูร้อนมีวันที่มากกว่า 30 องศาหลายวัน
Pada musim panas kadang berhari-hari suhunya mencapai 30 derajat atau lebih.

☞ 以上です 用いる話すตอนที่กล่าวสุนทรพจน์จบ มีความหมายว่า "ขอจบแต่เพียง เท่านี้"
以上です digunakan di akhir pidato dengan arti "Semua pembicaraan sudah selesai."

**739** 以下

漢字の テストは いつも 50<u>点</u>以下です。

**名** ต่ำกว่า
-atau kurang

คะแนนสอบคันจิต่ำกว่า 50 เสมอ
Nilai tes kanji selalu mendapat 50 atau kurang.

**740** 以内

2万円<u>以内</u>の 時計を 買いたいです。

**名** ภายใน
kurang dari

อยากซื้อนาฬิกาที่อยู่ใน 20,000 เยน
Saya ingin membeli jam yang harganya kurang dari 20.000 yen.

**741** 以外
いがい

名 ยกเว้น นอกเหนือ
selain

来週の 旅行は 兄以外 みんな 行けます。
らいしゅう　りょこう　あに　いがい　　　　　い

เรื่องไปเที่ยวอาทิตย์หน้าทุกคนไปได้ยกเว้นพี่ชาย
Selain adik laki-laki saya, semuanya bisa pergi berwisata minggu depan.

---

**742** 両方
りょうほう

名 ทั้งคู่ ทั้งสอง
keduanya

この 赤と 青の シャツを 両方 買いました。
　　　あか　　あお　　　　　　　りょうほう　か

ซื้อเสื้อเชิ้ตสีแดงและสีน้ำเงินทั้งคู่เลย
Saya ingin membeli kedua jaket merah dan biru ini.

↔ 片方　➕ どちらも ทั้งคู่ / yang mana pun
かたほう

---

**743** ひま 〈な〉

名
ナ形 ว่าง เวลาว่าง
luang

いそがしくて、遊ぶ ひまが ありません。(名)
　　　　　　　あそ

ひまな ときは 本を 読んで います。(ナ形)
　　　　　　　ほん　よ

ยุ่งจนไม่มีเวลาว่างไปเที่ยว
เวลาว่างจะอ่านหนังสือ
Saya tidak punya waktu luang untuk bermain karena sibuk.
Saya membaca buku di waktu luang.

---

**744** ふつう 〈な〉

名
ナ形 ปกติ ธรรมดา
biasa

ふつうの 毎日が 楽しいです。(名)
　　　　　まいにち　たの

あの 店は 料理も サービスも ふつうです。(ナ形)
　　　みせ　りょうり

สนุกกับวันธรรมดา ๆ ทุกวัน
ร้านนั้นทั้งอาหารทั้งการบริการแสนจะธรรมดา
Kehidupan sehari-hari menyenangkan.
Warung itu masakan dan pelayanannya biasa saja.

---

**745** 自由 〈な〉
じゆう

名
ナ形 อิสระ
bebas, kebebasan

おとなに なったら、自由が ほしいです。(名)
　　　　　　　　　　じゆう

日本の 生活は とても 自由です。(ナ形)
にほん　せいかつ　　　　　じゆう

พอโตเป็นผู้ใหญ่แล้วก็อยากมีอิสระ
การใช้ชีวิตในญี่ปุ่นอิสระมาก
Setelah menjadi dewasa, saya menginginkan kebebasan.
Kehidupan di Jepang sangat bebas.

---

**746** ていねいな

ナ形 สุภาพ เรียบร้อย
sopan

先生から ていねいな メールを いただきました。
せんせい

ได้รับเมลที่สุภาพจากอาจารย์
Saya menerima surel yang sopan dari dosen/guru.

**747** ☐

大きな
<small>おお</small>

家の 前に 大きな 木が あります。
<small>いえ まえ おお き</small>

連体 ใหญ่โต
besar

หน้าบ้านมีต้นไม้ใหญ่
Di depan rumah ada pohon yang besar.

**≡** 大きい
<small>おお</small>

👉 เป็นรูปคำคุณศัพท์ な ชนิดพิเศษของคำคุณศัพท์ い
Bentuk kata sifat い khusus yang mirip dengan kata sifat な .

**748** ☐

小さな
<small>ちい</small>

庭に 小さな 花が 咲いて います。
<small>にわ ちい はな さ</small>

連体 เล็ก
kecil

ดอกไม้เล็ก ๆ ในสวนบานอยู่
Di halaman mekar bunga yang kecil.

**≡** 小さい
<small>ちい</small>

👉 เป็นรูปคำคุณศัพท์ な ชนิดพิเศษของคำคุณศัพท์ い
Bentuk kata sifat い khusus yang mirip dengan kata sifat な .

**749** ☐

へんな

妹は へんな ファッションが 好きです。
<small>いもうと す</small>

ナ形 แปลก พิสดาร
aneh

น้องสาวชอบแฟชั่นแปลก ๆ
Adik perempuan saya suka pakaian yang aneh.

**750** ☐

じゅうぶんな

これが できたら、N4の 勉強は じゅうぶんです。
<small>エヌよん べんきょう</small>

ナ形 เพียงพอ
cukup

ถ้าทำตรงนี้ได้ การเรียน N4 ก็เพียงพอแล้ว
Kalau ini selesai, pelajaran JLPT N4 sudah cukup.

**↔** 足りない
<small>た</small>

# ようす② イ形容詞・動詞
けいようし　どうし

---

**751**

美しい
うつく

イ形　สวยงาม งดงาม
indah/cantik

こんなに 美しい 景色を 見たことが ありません。
　　　　うつく　けしき　み

ไม่เคยเห็นทัศนียภาพที่สวยงามขนาดนี้มาก่อน
Saya belum pernah melihat pemandangan seindah ini.

---

**752**

きたない

イ形　สกปรก
kotor

兄の 部屋は とても きたないです。
あに　へや

ห้องของพี่ชายสกปรกมาก
Kamar kakak laki-laki saya sangat kotor.

↔ きれいな

---

**753**

うまい

イ形　เก่ง
mahir

彼は サッカーも 野球も とても うまいです。
かれ　　　　　や きゅう

เขาเก่งมาก ๆ ทั้งฟุตบอลและเบสบอล
Dia sangat mahir sepakbola dan bisbol.

≡ 上手な
じょうず

👉 คำนี้สามารถใช้ในความหมายว่า "อร่อย" ได้ด้วย
Kata ini juga digunakan dengan arti "enak."

---

**754**

やわらかい

イ形　นุ่ม
lembut

新しい ソファーは とても やわらかいです。
あたら

โซฟาใหม่นุ่มมาก
Sofa yang baru sangat lembut.

---

**755**

かたい

イ形　แข็ง
keras

この パンは かたいですが、おいしいです。

ขนมปังนี้แข็งแต่อร่อย
Roti ini keras tetapi enak.

---

**756**

くわしい

イ形　ละเอียด
detail

この 辞書の 説明は くわしいです。
じしょ　せつめい

คำอธิบายในพจนานุกรมเล่มนี้ละเอียด
Penjelasan kamus ini detail.

---

**757**

細かい
こま

イ形　ละเอียด
kecil-kecil

玉ねぎを 細かく 切って ください。
たま　　こま　き

กรุณาหั่นหัวหอมใหญ่ให้ละเอียด
Potonglah bawang bombai kecil-kecil!

---

| | | |
|---|---|---|
| **758** ☐ | 怖い<br><ruby>怖<rt>こわ</rt></ruby>い | この <ruby>道<rt>みち</rt></ruby>は <ruby>夜<rt>よる</rt></ruby>に なると、<ruby>暗<rt>くら</rt></ruby>くて <ruby>怖<rt>こわ</rt></ruby>いです。 |
| イ形 | **น่ากลัว**<br>menakutkan | ถนนสายนี้พอตกดึกจะมืดและน่ากลัว<br>Jalan ini kalau malam gelap dan menakutkan. |
| **759** ☐ | すごい | きのうの <ruby>夜<rt>よる</rt></ruby>は すごい <ruby>雨<rt>あめ</rt></ruby>でした。 |
| イ形 | **สุดยอด น่าหวาดกลัว**<br>luar biasa/lebat | เมื่อคืนวานฝนตกหนักมาก<br>Tadi malam hujan turun sangat lebat. |
| **760** ☐ | すばらしい | <ruby>留学<rt>りゅうがく</rt></ruby>で すばらしい <ruby>経験<rt>けいけん</rt></ruby>が できました。 |
| イ形 | **ยอดเยี่ยม**<br>bagus sekali/luar biasa/<br>berharga | ได้รับประสบการณ์ที่วิเศษตอนไปเรียนต่อ<br>Saya mendapat pengalaman yang berharga dari belajar di<br>luar negeri. |
| **761** ☐ | 正しい<br><ruby>正<rt>ただ</rt></ruby>しい | この <ruby>答<rt>こた</rt></ruby>えが <ruby>正<rt>ただ</rt></ruby>しいかどうか わかりません。 |
| イ形 | **ถูกต้อง**<br>benar | คำตอบนี้ถูกต้องหรือเปล่าก็ไม่รู้<br>Saya tidak tahu apakah jawaban ini benar atau salah. |
| **762** ☐ | ひどい | きのうの テストは ひどい <ruby>点<rt>てん</rt></ruby>でした。 |
| イ形 | **รุนแรง เลวร้าย**<br>parah | การสอบเมื่อวานนี้คะแนนเลวร้ายมาก<br>Tes kemarin nilainya parah. |
| **763** ☐ | 太い<br><ruby>太<rt>ふと</rt></ruby>い | この <ruby>大根<rt>だいこん</rt></ruby>は とても <ruby>太<rt>ふと</rt></ruby>いです。 |
| イ形 | **อ้วน ใหญ่**<br>besar, gemuk | หัวไชเท้าหัวนี้ใหญ่มาก<br>Lobak ini sangat besar. |
| **764** ☐ | 細い<br><ruby>細<rt>ほそ</rt></ruby>い | <ruby>彼女<rt>かのじょ</rt></ruby>は <ruby>足<rt>あし</rt></ruby>が とても <ruby>細<rt>ほそ</rt></ruby>いです。 |
| イ形 | **ผอม เล็ก เรียว**<br>langsing/kecil | เธอมีขาที่เรียวมาก<br>Tangan dan kaki dia (perempuan) sangat kecil. |
| **765** ☐ | 厚い<br><ruby>厚<rt>あつ</rt></ruby>い | <ruby>寒<rt>さむ</rt></ruby>いので、<ruby>厚<rt>あつ</rt></ruby>い コートが ほしいです。 |
| イ形 | **หนา**<br>tebal | อากาศหนาวเลยอยากได้เสื้อโค้ทหนา ๆ<br>Saya ingin mantel hangat yang tebal karena dingin. |

↔ うすい (<ruby>本<rt>ほん</rt></ruby>)

| 766 あさい | この 川は <u>あさい</u>ので、子どもも 遊べます。<br>かわ　　　　　　　　　　こ　　　　あそ |
|---|---|
| **イ形** ตื้น<br>dangkal | แม่น้ำสายนี้ตื้น เด็ก ๆ ก็เล่นได้<br>Karena sungai ini dangkal, anak-anak pun dapat bermain. |

| 767 ふかい | この プールの 真ん中は とても <u>ふかい</u>です。<br>ま　なか |
|---|---|
| **イ形** ลึก<br>dalam | ตรงกลางสระนี้ลึกมาก<br>Tengah-tengah kolam renang ini sangat dalam. |

| 768 眠い<br>ねむ | おなかが いっぱいで、ちょっと <u>眠い</u>です。<br>ねむ |
|---|---|
| **イ形** ง่วงนอน<br>mengantuk | อิ่มแล้วเลยง่วงนอน<br>Saya kenyang sehingga sedikit mengantuk. |

| 769 めずらしい | こんなに 大きな ダイヤは <u>めずらしい</u>です。<br>おお |
|---|---|
| **イ形** หายาก แปลกประหลาด<br>langka | เพชรเม็ดใหญ่ขนาดนี้หายาก<br>Intan sebesar ini langka. |

| 770 ふえる | この店は 外国の お客さんが とても <u>ふえて</u><br>みせ　がいこく　きゃく<br>います。 |
|---|---|
| **動** ...เพิ่มขึ้น<br>meningkat | ร้านนี้ลูกค้าชาวต่างประเทศเพิ่มขึ้นมาก<br>Pelanggan orang asing di toko ini meningkat tajam. |

| 771 ふやす | アルバイトを して、貯金を <u>ふやし</u>たいです。<br>ちょきん |
|---|---|
| **動** เพิ่ม...<br>memperbanyak | ทำงานพิเศษเพราะอยากเพิ่มเงินเก็บ<br>Saya kerja paruh waktu karena ingin memperbanyak tabungan. |

| 772 へる | 日本では 人口が <u>へって</u> います。<br>にほん　じんこう |
|---|---|
| **動** ...ลดลง<br>berkurang | ประชากรในประเทศญี่ปุ่นกำลังลดลง<br>Jepang penduduknya berkurang. |

| 773 へらす | 運動をして、体重を <u>へらし</u>ました。<br>うんどう　たいじゅう |
|---|---|
| **動** ลด...<br>menurunkan/<br>mengurangi | ออกกำลังกายลดน้ำหนัก<br>Saya berolahraga untuk menurunkan berat badan. |

**774**

ちがう
☐

動 **แตกต่าง**
berbeda

姉と 私は 大学が <u>ちがい</u>ます。
<small>あね わたし だいがく</small>

ฉันกับพี่สาวคนละมหาวิทยาลัยกัน
Universitas kakak perempuan saya dan saya berbeda.

➕ ちがい ความแตกต่าง ความผิดพลาด / perbedaan

---

**775**

変える
<small>か</small>
☐

動 **เปลี่ยน...**
mengubah

春に なったら、髪型を <u>変え</u>ます。
<small>はる かみがた</small>

ถ้าเข้าฤดูใบไม้ผลิแล้วจะเปลี่ยนทรงผม
Saya akan mengubah model rambut kalau sudah musim semi.

---

**776**

変わる
<small>か</small>
☐

動 **...เปลี่ยน**
berubah

髪を 切ったら、気分が <u>変わり</u>ました。
<small>かみ き きぶん か</small>

พอตัดผมแล้ว ความรู้สึกก็เปลี่ยนไป
Perasaan berubah setelah potong rambut.

---

**777**

見える
<small>み</small>
☐

動 **เห็น**
terlihat

窓から 富士山が きれいに <u>見え</u>ます。
<small>まど ふ じ さん み</small>

จะเห็นภูเขาฟูจิจากหน้าต่างได้อย่างชัดเจน
Gunung Fuji terlihat indah dari jendela.

---

**778**

聞こえる
<small>き</small>
☐

動 **ได้ยิน**
terdengar

近所から 子どもの 声が <u>聞こえ</u>ます。
<small>きんじょ こ こえ き</small>

ได้ยินเสียงเด็กมาจากข้างบ้าน
Terdengar suara anak-anak di sekitar rumah saya.

---

**779**

空く
<small>あ</small>
☐

動 **ว่าง**
kosong

この ホテルは 人気が あって、
部屋が <u>空いて</u> いません。
<small>にん き</small>
<small>へ や あ</small>

โรงแรมนี้ได้รับความนิยม ห้องจึงไม่ว่าง
Hotel ini sangat populer jadi tidak ada kamar kosong.

---

**780**

はずれる
☐

動 **หลุด**
lepas

シャツの ボタンが <u>はずれて</u> います。

กระดุมเสื้อเชิ้ตหลุด
Kancing kemejanya lepas.

➕ （～を）はずす เอาออก ถอดออก / melepaskan ～

---

**781**

切れる
<small>き</small>
☐

動 **ขาด**
terpotong/putus

弟の くつの ひもが <u>切れ</u>ました。
<small>おとうと き</small>

เชือกรองเท้าของน้องชายขาด
Tali sepatu adik laki-laki saya putus.

これも
おぼえよう！ ❹

 **色** สีสัน / Warna
いろ

| 白<br>しろ | สีขาว / putih | 水色<br>みずいろ | สีฟ้า / biru muda |
|---|---|---|---|
| 赤<br>あか | สีแดง / merah | ピンク | สีชมพู / merah muda |
| 青<br>あお | สีน้ำเงิน / biru | グレー | สีเทา / abu-abu |
| 黒<br>くろ | สีดำ / hitam | ブルー | สีน้ำเงิน / biru langit |
| 緑(色)<br>みどり いろ | สีเขียว / hijau | グリーン | สีเขียว / hijau |
| 紺(色)<br>こん いろ | สีกรมท่า / biru dongker | オレンジ | สีส้ม / oranye, jingga |
| 黄色<br>きいろ | สีเหลือง / kuning | シルバー | สีเงิน / silver |
| 茶色<br>ちゃいろ | สีน้ำตาล / cokelat | ベージュ | สีเบจ / krem |
| 金色<br>きんいろ | สีทอง / keemasan | | |
| 銀色<br>ぎんいろ | สีเงิน / keperakan | | |

 **ようす** สภาพ / Keadaan

| 大きさ<br>おお | ความใหญ่ ขนาด / besarnya | 重さ<br>おも | ความหนัก / beratnya |
|---|---|---|---|
| 長さ<br>なが | ความยาว / panjangnya | やさしさ | ความใจดี / kerahaman |
| 高さ<br>たか | ความสูง / ketinggian | おいしさ | ความอร่อย / kelezatan |
| 早さ<br>はや | ความเร็ว / kecepatan | 美しさ<br>うつく | ความงาม / kecantikan |
| 強さ<br>つよ | ความแข็งแรง / kekuatan | 便利さ<br>べんり | ความสะดวกสบาย / kepraktisan |
| 広さ<br>ひろ | ความกว้าง / luasnya | よさ | ความดี / kebaikannya |

# いつ？
# どこで？

เมื่อไร? ที่ไหน?
**Kapan? Di mana?**

| | | 単語 No.<br>たんご |
|---|---|---|
| **1** | **ニュース** ข่าว / Berita | **782 〜 799** |
| **2** | **約束** สัญญา / Janji<br>やくそく | **800 〜 815** |
| **3** | **気持ち** ความรู้สึก / Perasaan<br>き も | **816 〜 840** |
| **4** | **副詞もおぼえよう！①**<br>ふく し<br>จำคำกริยาวิเศษณ์ด้วยนะ! ① / Mari menghafalkan juga kata keterangan! ① | **841 〜 862** |
| **5** | **副詞もおぼえよう！②**<br>ふく し<br>จำคำกริยาวิเศษณ์ด้วยนะ! ② / Mari menghafalkan juga kata keterangan! ② | **863 〜 885** |
| **6** | **接続詞もおぼえよう！**<br>せつぞく し<br>จำคำสันธานด้วยนะ! / Mari menghafalkan juga kata penghubung! | **886 〜 894** |

# ニュース

ข่าว / Berita

---

**782**
新聞社
しんぶんしゃ

来月から 東京の 新聞社で 働きます。
らいげつ　　とうきょう　しんぶんしゃ　はたら

名 บริษัทหนังสือพิมพ์
perusahaan surat
kabar/koran

ตั้งแต่เดือนหน้าจะทำงานที่บริษัทหนังสือพิมพ์ใน โตเกียว
Saya bekerja di perusahaan surat kabar di Tokyo mulai
bulan depan.

---

**783**
テレビ局
きょく

テレビ局の 試験を 受けたいです。
きょく　しけん　う

名 สถานีโทรทัศน์
stasiun televisi

อยากเข้าสอบข้อสอบของสถานีโทรทัศน์
Saya ingin mengikuti ujian di stasiun televisi.

➕ ラジオ局 สถานีวิทยุ / stasiun radio

---

**784**
番組
ばんぐみ

どんな 番組を よく 見て いますか。
ばんぐみ　み

名 รายการ
acara (televisi)

มักจะดูรายการประเภทไหน
Anda sering melihat acara televisi yang bagaimana?

➕ ニュース番組 รายการข่าว / acara berita ・ スポーツ番組 รายการกีฬา / acara olahraga
ばんぐみ　　　　　　　　　　　　　　　　　　　　　　ばんぐみ

---

**785**
ネットニュース

毎日、ネットニュースを 読んで います。
まいにち　　　　　　　　　　　よ

名 ข่าวออนไลน์
berita online

อ่านข่าวออนไลน์ทุกวัน
Saya setiap hari membaca berita online.

---

**786**
情報
じょうほう

インターネットで 世界の 情報が すぐ わかります。
せかい　じょうほう

名 ข้อมูลข่าวสาร
informasi

รับรู้ข้อมูลข่าวสารรอบโลกได้อย่างรวดเร็วด้วยอินเทอร์เน็ต
Kita bisa langsung mengetahui informasi dari seluruh
dunia melalui internet.

➕ 情報番組 รายการเล่าข่าว / acara informasi
じょうほうばんぐみ

---

**787**
データ

世界の データを 集めました。
せかい　　　　　あつ

名 ข้อมูล
data

รวบรวมข้อมูลรอบโลก
Saya mengumpulkan data dari seluruh dunia.

**788** キーワード

ニュースの <u>キーワード</u> を メモしましょう。

名 คำสำคัญ
kata kunci

จดบันทึกคำสำคัญจากข่าวกันเถอะ
Mari mencatat kata kunci beritanya!

**789** 放送 〈する〉
ほうそう

この 番組は 海外でも <u>放送されて</u> います。
ばんぐみ　　かいがい　　ほうそう

名 การถ่ายทอด
การออกอากาศ
menyiarkan

รายการนี้ออกอากาศไปยังต่างประเทศด้วย
Acara ini juga disiarkan di luar negeri.

➕ ライブ (การถ่ายทอด) สด / siaran *live*・生放送 การถ่ายทอดสด / siaran langsung
なまほうそう

**790** 伝える
つた

むずかしい ニュースを やさしく <u>伝え</u>ます。
つた

動 สื่อสาร รายงาน
menyampaikan

รายงานข่าวยาก ๆ ให้เข้าใจง่าย
Saya menyampaikan berita yang sulit dengan sederhana.

**791** 火事
か じ

駅の 近くで <u>火事</u>が ありました。
えき　ちか　　か じ

名 อัคคีภัย ไฟไหม้
kebakaran

เกิดเพลิงไหม้ใกล้ ๆ สถานี
Ada kebakaran di dekat stasiun.

**792** (事故が) 起こる
じ こ　　お

この 道では よく 事故が <u>起こり</u>ます。
みち　　　　じ こ　　お

動 เกิด (อุบัติเหตุ)
terjadi kecelakaan

ที่ถนนเส้นนี้เกิดอุบัติเหตุบ่อยครั้ง
Di jalan ini sering terjadi kecelakaan.

🟰 (事故が) 起きる
じ こ　　お

**793** 発見 〈する〉
はっけん

小学生が 新しい 星を <u>発見し</u>ました。
しょうがくせい　あたら　ほし　はっけん

名 การค้นพบ
menemukan

นักเรียนประถมค้นพบดาวดวงใหม่
Murid SD menemukan bintang baru.

**794** 見つかる
み

電車に わすれた 書類が <u>見つかり</u>ました。
でんしゃ　　　　しょるい　　み

動 พบ เจอ
ketemu

เจอเอกสารที่ลืมไว้บนรถไฟแล้ว
Dokumen yang ketinggalan di kereta sudah ketemu.

**795** 見つける
み

いなくなった 犬を 公園で <u>見つけ</u>ました。
いぬ　　こうえん　　み

動 หา
menemukan

หาสุนัขที่หายไปเจอแล้วตรงสวนสาธารณะ
Saya menemukan anjing saya yang hilang di taman.

**796**

発表 〈する〉
はっぴょう

大好きな 作家が 新しい 小説を 発表しました。
だい す　　さっか　　あたら　　しょうせつ　　はっぴょう

名 การนำเสนอ การรายงาน การประกาศ
mempresentasikan/ merilis

นักเขียนคนที่ชอบมากเปิดตัวนิยายเรื่องใหม่
Pengarang novel kesukaan saya merilis novel baru.

**797**

スピーチ〈する〉

大統領の スピーチは すばらしかったです。
だいとうりょう

名 สุนทรพจน์
berpidato

สุนทรพจน์ของท่านประธานาธิบดียอดเยี่ยมมาก
Pidato presiden luar biasa.

➕ スピーチ大会 การประกวดสุนทรพจน์ / lomba pidato・
たいかい

スピーチコンテスト การประกวดสุนทรพจน์ / kontes pidato

**798**

つづく

雨の 日が 2週間も つづいて います。
あめ　ひ　　にしゅうかん

動 ดำเนินต่อไป
bersambung/terus menerus

วันที่ฝนตกต่อเนื่องไปถึง 2 สัปดาห์
Hujan turun 2 minggu terus-menerus.

**799**

つづける

これからも 日本語の 勉強を つづけるつもりです。
にほんご　　べんきょう

動 ...ต่อไป ดำเนินต่อ
melanjutkan

ต่อจากนี้ก็ตั้งใจว่าจะเรียนภาษาญี่ปุ่นต่อไป
Setelah ini pun saya ingin melanjutkan belajar bahasa Jepang.

# 約束
やくそく

สัญญา / Janji

| | | |
|---|---|---|
| **800** ☐ | 約束 〈する〉<br>やくそく | 友だちと 遊びに 行く 約束を しました。<br>とも　　あそ　い　　やくそく |
| 名 | **การสัญญา**<br>berjanji | สัญญาว่าจะไปเที่ยวกับเพื่อน<br>Saya berjanji akan pergi bermain dengan teman. |
| **801** ☐ | (約束を) 守る<br>やくそく　まも | 約束は 守らなければ なりません。<br>やくそく　まも |
| 動 | **รักษา (สัญญา)**<br>menepati janji | ต้องรักษาสัญญา<br>Janji harus ditepati. |
| **802** ☐ | (約束を) やぶる<br>やくそく | 約束を やぶるのは よくないですよ。<br>やくそく |
| 動 | **ผิด (สัญญา)**<br>mengingkari janji | การผิดสัญญาเป็นสิ่งที่ไม่ดีนะ<br>Mengingkari janji itu tidak baik. |
| **803** ☐ | 間に合う<br>ま　あ | タクシーに 乗っても、コンサートに<br>の<br>間に合いません。<br>ま　あ |
| 動 | **ทันเวลา**<br>tepat waktu, masih<br>sempat | ถึงจะนั่งแท็กซี่ แต่ก็ไม่ทันคอนเสิร์ต<br>Bahkan dengan naik taksi pun tetap tidak bisa sampai<br>tepat waktu ke konser. |
| **804** ☐ | おくれる | デートに 1時間も おくれました。<br>じかん |
| 動 | **ล่าช้า สาย**<br>terlambat | ไปเดทสายตั้ง 1 ชั่วโมง<br>Saya datang terlambat 1 jam saat kencan. |
| **805** ☐ | キャンセル〈する〉 | 台風で 旅行を キャンセルしました。<br>たいふう　りょこう |
| 名 | **การยกเลิก**<br>membatalkan | ยกเลิกการไปเที่ยวเพราะไต้ฝุ่น<br>Saya membatalkan wisata karena angin topan. |
| **806** ☐ | わけ | どうして 妹が 泣いて いるのか、<br>いもうと　な<br>わけが わかりません。 |
| 名 | **เหตุผล คำอธิบาย**<br>penyebab, alasan, sebab | ไม่รู้เหตุผลว่าทำไมน้องสาวถึงร้องไห้<br>Saya tidak mengerti sama sekali penyebab adik<br>perempuan saya menangis. |

782-894

## Section 2

**807** さそう

パーティーに マリアさんも さそいましょう。

動 ชักชวน
mengundang,
mengajak

ชวนคุณมาเรียไปปาร์ตี้ด้วยกันเถอะ
Ayo kita juga mengundang Maria ke pasta!

➕ さそい การชักชวน / undangan, ajakan

**808** れんらく〈する〉

パーティーの 時間を みんなに れんらくします。

名 การติดต่อ
menghubungi,
menyampaikan

จะติดต่อทุกคนเรื่องเวลาปาร์ตี้
Saya menyampaikan jam pestanya kepada semuanya.

**809** （電話が） ある

国の 友だちから 電話が ありました。

動 มี (โทรศัพท์)
menelepon

มีโทรศัพท์มาจากเพื่อนที่ประเทศบ้านเกิด
Ada telepon dari teman senegara saya.

**810** 食事〈する〉

来週 みんなで 食事しましょう。

名 มื้ออาหาร
การรับประทาน อาหาร
makan

อาทิตย์หน้าไปกินข้าวกับทุกคนกันเถอะ
Ayo minggu depan makan bersama.

**811** 参加〈する〉

来週の 社員旅行に 参加します。

名 การเข้าร่วม
ikut serta

จะเข้าร่วมทริปท่องเที่ยวของพนักงานอาทิตย์หน้า
Saya akan ikut serta wisata karyawan minggu depan.

➕ 参加者 ผู้เข้าร่วม / peserta

**812** 都合

来週の みなさんの 都合を 教えて ください。

名 ความสะดวก
luang tidaknya

ช่วยบอกเวลาที่สะดวกของทุกคนในสัปดาห์หน้าด้วย
Tolong sampaikan kepada saya luang tidaknya kalian
minggu depan.

**813** 予定

連休には 北海道を 旅行する 予定です。

名 กำหนดการ แผน
rencana

มีแผนจะไปเที่ยวฮอกไกโดในช่วงวันหยุดยาว
Saya berencana berwisata ke Hokaido pada saat libur
panjang.

➕ 予定表 ตารางกำหนดการ / daftar rencana

| 814 ☐ | 相手<br>あいて | さっきの 電話の 相手は 母です。<br>でんわ あいて はは |
|---|---|---|
| 名 | คู่สนทนา อีกฝ่าย<br>lawan bicara | สายที่โทรศัพท์มาเมื่อสักครู่คือแม่<br>Lawan bicara saya di telepon tadi adalah ibu saya. |

➕ 遊び相手 เพื่อนเล่น / teman main・話し相手 เพื่อนคุย / lawan bicara・
あそ あいて はな あいて
相談相手 ที่ปรึกษา / teman konsultasi
そうだんあいて

| 815 ☐ | 機会<br>きかい | このごろ、お酒を 飲む 機会が ふえました。<br>さけ の きかい |
|---|---|---|
| 名 | โอกาส<br>kesempatan | หมู่นี้มีโอกาสดื่มเหล้ามากขึ้น<br>Akhir-akhir ini kesempatan untuk minum sake bertambah. |

⬛ チャンス

# 気持ち
きも

**ความรู้สึก / Perasaan**

| | | |
|---|---|---|
| **816** ☐ | うれしい | 彼に 指輪を もらって、とても うれしいです。<br>かれ　ゆびわ |
| イ形 | **ดีใจ**<br>gembira | ได้แหวนจากแฟน ดีใจมาก<br>Saya gembira mendapat cincin dari pacar saya (laki-laki). |

| | | |
|---|---|---|
| **817** ☐ | 笑う<br>わら | いつも 笑って いれば、いいことが ありますよ。<br>わら |
| 動 | **หัวเราะ ยิ้ม**<br>tertawa | ถ้ายิ้มอยู่เสมอ ก็จะมีแต่เรื่องดี ๆ นะ<br>Kalau selalu tertawa pasti akan terjadi hal baik. |

➕ 笑い声 เสียงหัวเราะ / suara tertawa ・
わら　ごえ
笑顔 ใบหน้าเปื้อนยิ้ม / wajah tertawa/wajah gembira
えがお

| | | |
|---|---|---|
| **818** ☐ | しあわせ 〈な〉 | しあわせは どんな 色だと 思いますか。(名)<br>いろ　おも<br>家族 みんな、けんこうで しあわせです。(ナ形)<br>かぞく |
| 名<br>ナ形 | **ความสุข มีความสุข**<br>bahagia/kebahagian | คิดว่าความสุขมีสีแบบไหน<br>ทุกคนในครอบครัวสุขภาพแข็งแรงและมีความสุข<br>Kebahagiaan itu seperti apa menurut Anda?<br>Saya bahagia karena semua keluarga saya sehat. |

| | | |
|---|---|---|
| **819** ☐ | 楽な<br>らく | 家で 休むのに 楽な いすが ほしいです。<br>いえ　やす　らく |
| ナ形 | **สบาย ๆ ง่าย ๆ**<br>nyaman | อยากได้เก้าอี้นั่งสบาย ๆ สำหรับพักผ่อนที่บ้าน<br>Saya ingin kursi yang nyaman untuk istirahat. |

| | | |
|---|---|---|
| **820** ☐ | 安心〈な / する〉<br>あんしん | なくした さいふが 見つかって、<br>み<br>安心しました。(名)<br>あんしん<br>友だちが 近くに 住んで いれば、<br>とも　ちか　す<br>安心です。(ナ形)<br>あんしん |
| 名<br>ナ形 | **การวางใจ สบายใจ**<br>tenang, lega | หากระเป๋าสตางค์ที่หายไปเจอ ก็เลยสบายใจ<br>ถ้ามีเพื่อนอาศัยอยู่ใกล้ ๆ ก็คงสบายใจ<br>Saya merasa lega karena dompet saya yang hilang ketemu.<br>Saya merasa tenang jika ada teman yang tinggal di dekat saya. |

| 821 ☐ | 信じる<br><small>しん</small> | 彼の ことばを <u>信じて</u> います。<br><small>かれ</small>　　　　　　　　　　<small>しん</small> |
|---|---|---|
| 動 | เชื่อ<br>mempercayai | เชื่อคำพูดของเขา<br>Saya mempercayai ucapannya (dia laki-laki)./Saya mempercayai ucapan pacar saya. |

| 822 ☐ | 祈る<br><small>いの</small> | 世界の 平和を <u>祈って</u> います。<br><small>せ かい</small>　<small>へい わ</small>　　<small>いの</small> |
|---|---|---|
| 動 | อธิษฐาน<br>berdoa | อธิษฐานให้โลกสงบสุข<br>Saya berdoa untuk perdamaian seluruh dunia. |

➕ 祈り การอธิษฐาน / doa<br><small>いの</small>

| 823 ☐ | かなしい | 友だちが 帰国して、とても <u>かなしい</u>です。<br><small>とも</small>　　<small>き こく</small> |
|---|---|---|
| イ形 | เศร้า<br>menyedihkan | เพื่อนกลับประเทศไปแล้ว รู้สึกเศร้ามาก<br>Saya sangat sedih karena teman saya pulang ke negara asalnya. |

| 824 ☐ | さびしい | 日本へ 来てから 1か月くらい とても<br><small>に ほん</small>　<small>き</small>　　　<small>いっ げつ</small><br><u>さびしかった</u>です。 |
|---|---|---|
| イ形 | เหงา<br>sepi | หลังจากมาที่ญี่ปุ่นได้ประมาณ 1 เดือนก็รู้สึก เหงามาก<br>Saya sangat kesepian selama satu bulan setelah datang ke Jepang. |

| 825 ☐ | 泣く<br><small>な</small> | 電車で 赤ちゃんが <u>泣いて</u> いました。<br><small>でん しゃ</small>　<small>あか</small>　　　　　<small>な</small> |
|---|---|---|
| 動 | ร้องไห้<br>menangis | ทารกร้องไห้บนรถไฟ<br>Bayi menangis di dalam kereta. |

| 826 ☐ | なみだ | 動物の 映画を 見て、<u>なみだ</u>が 出ました。<br><small>どう ぶつ</small>　<small>えい が</small>　<small>み</small>　　　　　　　　<small>で</small> |
|---|---|---|
| 名 | น้ำตา<br>air mata | ดูหนังเกี่ยวกับสัตว์แล้วน้ำตาก็ไหล<br>Saya meneteskan air mata saat melihat film tentang binatang. |

| 827 ☐ | 心配〈な / する〉<br><small>しん ぱい</small> | 何も <u>心配しなくて</u> いいですよ。(名)<br><small>なに</small>　<small>しん ぱい</small><br>試験に 合格できるかどうか、とても <u>心配</u>です。<br><small>し けん</small>　<small>ごう かく</small>　　　　　　　　　　<small>しん ぱい</small><br>(ナ形) |
|---|---|---|
| 名<br>ナ形 | ความกังวล<br>khawatir | ไม่ต้องกังวลอะไรทั้งนั้น<br>กังวลมากว่าจะสอบผ่านหรือเปล่า<br>Tidak perlu mengkhawatirkan apa pun.<br>Saya sangat khawatir akan lulus ujian atau tidak. |

**828**
つまらない

その 映画は つまらなかったです。
えいが

イ形 | น่าเบื่อ
membosankan

หนังเรื่องนั้นน่าเบื่อ
Film itu membosankan.

**829**
がっかり〈する〉

好きだった 俳優が 結婚して、がっかりしました。
す　　　　はいゆう　　けっこん

副 | ผิดหวัง
kecewa

ดาราที่ชอบแต่งงาน ก็เลยรู้สึกผิดหวัง
Saya kecewa karena aktor kesukaan saya menikah.

**830**
あきらめる

何でも かんたんに あきらめては いけません。
なん

動 | ล้มเลิก ถอดใจ
menyerah

ไม่ว่าเรื่องอะไรก็อย่าถอดใจง่าย ๆ
Tidak boleh menyerah dengan mudah untuk hal apa pun.

**831**
きんちょう〈する〉

きのうの スピーチは とても きんちょうしました。

名 | ความตื่นเต้น
grogi, canggung

สุนทรพจน์เมื่อวานนี้ตื่นเต้นมาก
Saya sangat grogi pada waktu pidato kemarin.

**832**
はずかしい

かんたんな 漢字が 読めなくて、はずかしいです。
かんじ　よ

イ形 | อาย
malu

คันจิง่าย ๆ ก็อ่านไม่ออก น่าอายมาก
Saya malu karena tidak bisa membaca kanji yang mudah.

**833**
びっくり〈する〉

A「田中さんの 家に 1000万円の 皿が
たなか　いえ　いっせんまんえん　さら
あるそうですよ。」

B「えー、それは びっくりですね。」

名 | ตกใจ ประหลาดใจ
terkejut

A：ได้ยินว่าที่บ้านคุณทานากะมีจานราคา 10 ล้าน เยนนะ
B：เหรอ เหลือเชื่อเลยนะ
A：Di rumah Tanaka-san katanya ada piring seharga
100 juta yen lho.
B：Ehh, itu mengejutkan ya.

**834**
おどろく

夜中に 道で 大きな 声がして、おどろきました。
よなか　みち　おお　こえ

動 | ตกใจ ประหลาดใจ
kaget

กลางดึกมีเสียงดังลั่นที่ถนน ตกใจหมด
Saya kaget mendengar suara keras di jalan pada waktu
tengah malam.

**835**
怒る
おこ

動 โกรธ
marah

父は 怒ると、顔が 赤く なります。
ちち おこ かお あか

เวลาพ่อโกรธ หน้าจะแดง
Ayah wajahnya merah padam kalau marah.

**836**
気分
き ぶん

名 อารมณ์ ความรู้สึก
perasaan

早起きした 日は 気分が いいです。
はや お ひ き ぶん

วันที่ตื่นเช้าจะอารมณ์ดี
Perasaan nyaman kalau bisa bangun awal.

**837**
気分が 悪い
き ぶん わる

イ形 อารมณ์เสีย รู้สึกไม่สบาย
perasaan tidak nyaman,
mual

けさから 気分が 悪いです。
き ぶん わる

รู้สึกไม่สบายมาตั้งแต่เช้า
Dari tadi pagi perasaan saya tidak nyaman/Saya mual
tadi pagi.

👉 ใช้เวลาเรารู้สึกไม่สบาย หรือสิ่งที่ไม่ดีหรือไม่สบายใจเกิดขึ้น
Digunakan pada saat tidak enak badan maupun ketika terjadi hal yang tidak baik.

**838**
心
こころ

名 หัวใจ จิตใจ
hati, perasaan, pikiran

体も 心も けんこうです。
からだ こころ

แข็งแรงทั้งร่างกายและจิตใจ
Badan dan juga pikiran sehat.

➕ 心から～ ...จากใจ / dari hati
こころ

**839**
ストレス

名 ความเครียด
stress

ストレスが ない 人は いません。
ひと

ไม่มีใครที่ไม่มีความเครียด
Tidak ada orang yang tidak stress.

**840**
ホームシック

名 คิดถึงบ้าน
merindukan rumah
(*homesick*), kangen
rumah

ときどき ホームシックで 泣いて います。
な

บางครั้งคิดถึงบ้านแล้วก็ร้องไห้
Kadang saya menangis karena merindukan rumah.

# 副詞もおぼえよう！①
ふくし

---

**841** かならず

副 อย่างแน่นอน
pasti

宿題を 明日 かならず 持ってきて ください。
しゅくだい　あした　　　　　　　　も

พรุ่งนี้ต้องนำการบ้านมาด้วย
Pastikan besok datang dengan membawa pekerjaan rumah!

---

**842** きっと

副 แน่นอน แน่ ๆ
tentu

がんばれば、きっと 合格できる でしょう。
ごうかく

ถ้าพยายามก็คงจะสอบผ่านได้แน่นอน
Kalau berjuang tentu bisa lulus.

---

**843** しっかり［と］
〈する〉

副 แข็งขัน หนักแน่น
sepenuh hati, dengan
kuat, sungguh-sungguh

ポスターを しっかり はって ください。

กรุณาติดโปสเตอร์ให้แน่น
Tempelkan poster dengan kuat.

---

**844** きちんと〈する〉

副 เป็นระเบียบ
dengan rapi

本は 本だなに きちんと 返して ください。
ほん　ほん　　　　　　　　　かえ

กรุณาคืนหนังสือที่ชั้นวางให้เป็นระเบียบ
Kembalikan buku ke rak buku dengan rapi.

---

**845** ちゃんと〈する〉

副 เรียบร้อย
tanpa lupa, dengan
baik, pasti

トイレを 出たら、ちゃんと 電気を 消しましょう。
で　　　　　　　　　でんき　け

ออกจากห้องน้ำแล้วปิดไฟให้เรียบร้อยกันเถอะ
Kalau keluar dari kamar kecil, jangan lupa mari kita matikan lampunya.

☞ ส่วนใหญ่ใช้ในการสนทนา / Umumnya digunakan dalam percakapan.

---

**846** ぜったい［に］

副 แน่นอน
dengan pasti, benar-
benar

明日の 試合は ぜったいに 勝ちたいです。
あした　しあい　　　　　　　　か

การแข่งขันวันพรุ่งนี้อยากจะชนะให้ได้
Saya benar-benar ingin menang dalam pertandingan besok.

| 847 ☐ | ぜひ | 日本へ 来るときは <u>ぜひ</u> 私に れんらくして ください。 |
|---|---|---|
| 副 | **ให้ได้ แน่นอน**<br>pastikan | เวลามาที่ญี่ปุ่นต้องติดต่อฉันให้ได้นะ<br>Kalau datang ke Jepang, pastikan jangan lupa menghubungi saya! |

| 848 ☐ | できるだけ | 台風が 来ますから、<u>できるだけ</u> 早く 帰りましょう。 |
|---|---|---|
| 副 | **เท่าที่ทำได้**<br>sebisa mungkin | ได้ฝนจะมาแล้ว รีบกลับบ้านให้เร็วที่สุดเท่าที่จะทำ ได้กันเถอะ<br>Karena akan terjadi angin topan, sebisa mungkin ayo pulang lebih cepat. |

■ なるべく

| 849 ☐ | はっきり [と]<br>〈する〉 | 晴れた 日は 富士山が <u>はっきり</u> 見えます。 |
|---|---|---|
| 副 | **ชัดเจน**<br>dengan jelas | วันที่ท้องฟ้าแจ่มใสจะเห็นภูเขาฟูจิอย่างชัดเจน<br>Pada hari yang cerah, Gunung Fuji terlihat dengan jelas. |

| 850 ☐ | ずいぶん [と] | <u>ずいぶん</u> 日本語が 上手に なりましたね。 |
|---|---|---|
| 副 | **มากทีเดียว**<br>cukup | เก่งภาษาญี่ปุ่นขึ้นมากเลยทีเดียวนะ<br>Bahasa Jepang Anda menjadi cukup lancar ya. |

| 851 ☐ | かなり | あの フランス料理の 店は <u>かなり</u> 高そうです。 |
|---|---|---|
| 副 | **ค่อนข้าง**<br>lumayan | ร้านอาหารฝรั่งเศสร้านนั้นดูท่าจะค่อนข้างแพง ทีเดียว<br>Restoran masakan Perancis itu lumayan mahal. |

| 852 ☐ | だいぶ | 日本人の 考え方が <u>だいぶ</u> わかって きました。 |
|---|---|---|
| 副 | **มาก**<br>sebagian besar | เข้าใจวิธีคิดของคนญี่ปุ่นขึ้นมาก<br>Saya memahami sebagian besar cara berfikir orang Jepang. |

| 853 ☐ | もっと | <u>もっと</u> がんばらないと、合格できませんよ。 |
|---|---|---|
| 副 | **อีก**<br>lebih | ถ้าไม่พยายามให้มากขึ้นอีก ก็ไม่ผ่านนะ<br>Kalau tidak berjuang lebih keras, tidak bisa lulus lho. |

782-894

**854**
☐
だいたい

レポートは <u>だいたい</u> 終わりました。
<small>お</small>

副 ส่วนใหญ่
hampir

รายงานเสร็จเป็นส่วนใหญ่แล้ว
Laporannya hampir selesai.

**855**
☐
たいてい

休みの 日は <u>たいてい</u> 家に います。
<small>やす　　ひ　　　　　　　　　　いえ</small>

副 ตามปกติ
biasanya

วันหยุดปกติจะอยู่บ้าน
Saya biasanya di rumah pada hari libur.

**856**
☐
たまに

<u>たまに</u> 近所の レストランへ 行きます。
<small>きんじょ　　　　　　　　　　　い</small>

副 บางครั้ง นาน ๆ ที
kadangkala

บางครั้งจะไปที่ร้านอาหารใกล้บ้าน
Kadangkala pergi ke restoran dekat rumah.

**857**
☐
ぜんぜん

日本語の ニュースが <u>ぜんぜん</u>
<small>に ほん ご</small>
わかりませんでした。

副 ไม่...เลย
sama sekali

ไม่เข้าใจข่าวภาษาญี่ปุ่นเลย
Saya sama sekali tidak mengerti berita dalam bahasa Jepang.

**858**
☐
けっして

この 絵には <u>けっして</u> さわらないで ください。
<small>え</small>

副 ไม่...แน่นอน
sekali-kali

กรุณาอย่าจับภาพนี้โดยเด็ดขาด
Jangan sekali-kali menyentuh gambar ini.

**859**
☐
ちっとも

日本語の ニュースは <u>ちっとも</u> わかりません。
<small>に ほん ご</small>

副 ไม่...แม้แต่น้อย
sedikit pun

ไม่เข้าใจข่าวภาษาญี่ปุ่นเลยแม้แต่น้อย
Saya tidak mengerti berita bahasa Jepang sedikit pun.

👉 ส่วนใหญ่ใช้ในการสนทนา / Umumnya digunakan dalam percakapan.

**860**
☐
まだ

① この 辞書は <u>まだ</u> 使って います。
<small>じ しょ　　　　　　つか</small>
② 私は <u>まだ</u> 昼ごはんを 食べて いません。
<small>わたし　　　　　　ひる　　　　　　た</small>

副 ยัง
belum/masih

① ยังใช้พจนานุกรมเล่มนี้อยู่
② ฉันยังไม่ได้กินข้าวเที่ยง
① Saya masih memakai kamus ini.
② Kami belum makan siang.

👉 ① ยังคงดำเนินอยู่ ② ยังไม่... / ① masih terus berlangsung ② belum melakukan ~

| 861 ☐ | ほとんど | 漢字を 勉強したのに、<u>ほとんど</u> わすれました。<br><small>かんじ　べんきょう</small> |
|---|---|---|
| 副 | ส่วนใหญ่<br>**hampir semuanya** | ทั้ง ๆ ที่เรียนคันจิมาแล้ว แต่ส่วนใหญ่ก็ลืม<br>Meskipun saya belajar huruf Kanji tetapi saya lupa<br>hampir semuanya |
| 862 ☐ | なかなか | 雪で バスが <u>なかなか</u> 来ません。<br><small>ゆき　　　　　　　　　　き</small> |
| 副 | ค่อนข้าง **ไม่...เลย**<br>**(tidak) juga** | รถบัสไม่ค่อยมาเพราะหิมะตก<br>Busnya tidak juga datang karena salju. |

## Section 5

# 副詞もおぼえよう！②
ふくし

จำคำกริยาวิเศษณ์ด้วยนะ！② / Mari menghafalkan juga kata keterangan! ②

---

**863** □

急に
きゅう

午後 急に 空が 暗く なりました。
ご ご きゅう そら くら

副 | ทันทีทันใด จู่ ๆ
mendadak, tiba-tiba

ช่วงบ่ายจู่ ๆ ท้องฟ้าก็มืดครึ้มลง
Langit tiba-tiba gelap di siang hari. (setelah jam 12:00)

---

**864** □

しばらく

しばらく お待ちください。
ま

副 | สักพัก สักครู่
sebentar

กรุณารอสักครู่
Mohon tunggu sebentar!

---

**865** □

ずっと

① ずっと 日本へ 留学したいと 思って いました。
にほん りゅうがく おも

② 妹は 私より ずっと 頭が いいです。
いもうと わたし あたま

副 | ตลอด มาก
sejak lama/jauh lebih

① คิดมาตลอดว่าอยากจะไปเรียนต่อที่ญี่ปุ่น
② น้องสาวหัวดีกว่าฉันมาก
① Saya sudah sejak lama berfikir ingin belajar di Jepang.
② Adik perempuan saya jauh lebih pandai daripada saya.

👉 ① เป็นเวลานาน ② เปรียบเทียบของ 2 สิ่งเพื่อหาส่วนที่แตกต่างมากกว่ากัน
① waktu yang lama ② Membandingkan dua hal yang terdapat perbedaan besar.

---

**866** □

そのまま

ぬいだ コートが そのまま 置いて あります。
お

副 | อย่างนั้น
begitu saja

เสื้อโค้ทที่ถอดก็วางทิ้งไว้อย่างนั้น
Mantel hangat yang ditanggalkan tergeletak begitu saja.

---

**867** □

そろそろ

もう 9時ですから、そろそろ 帰ります。
じ かえ

副 | ในไม่ช้า ใกล้ถึงเวลา
sebentar lagi

9 โมงแล้ว ใกล้ถึงเวลากลับบ้าน
Karena sudah jam 9, sebentar lagi saya akan pulang.

---

**868** □

とうとう

あの 二人は よく けんかして いましたが、
ふたり

とうとう 別れて しまいました。
わか

副 | ในที่สุด ท้ายที่สุด
akhirnya

สองคนนั้นทะเลาะกันบ่อย ในที่สุดก็แยกทางกัน
Kedua orang itu sering bertengkar dan akhirnya putus hubungan.

---

| 869 □ やっと | 結婚したい 人に やっと 会えました。<br>けっこん　ひと　　　　　あ |
|---|---|
| 副 ในที่สุด<br>pada akhirnya | ในที่สุดก็ได้เจอคนที่อยากแต่งงานด้วยแล้ว<br>Pada akhirnya saya bertemu dengan orang yang ingin saya nikahi. |

| 870 □ たしか | 明日の 会議は たしか 3時からだと 思います。<br>あした　かいぎ　　　　　　じ　　　　　　おも |
|---|---|
| 副 แน่นอน ถ้าจำไม่ผิด<br>kalau tidak salah | คิดว่าการประชุมพรุ่งนี้จะเริ่มตั้งแต่ 3 โมงแน่นอน<br>Kalau saya tidak salah, rapat besok mulai jam 3. |

➕ たしかに อย่างแน่นอน / memang benar begitu

| 871 □ どうも | 兄は どうも うれしい ことが あった ようです。<br>あに |
|---|---|
| 副 ดูท่า<br>sepertinya | ดูท่าพี่ชายจะมีเรื่องน่าดีใจ<br>Kakak laki-laki saya sepertinya mengalami hal yang sangat menyenangkan. |

| 872 □ たとえば | お正月に アジア、たとえば タイに 行きたいです。<br>しょうがつ　　　　　　　　　　　　　　い |
|---|---|
| 副 ตัวอย่างเช่น อย่างเช่น<br>misalnya | ช่วงปีใหม่อยากไปเที่ยวเอเชียอย่างเช่นประเทศไทย<br>Pada waktu tahun baru saya ingin pergi ke Asia misalnya Thailand. |

| 873 □ 直接<br>ちょくせつ | あなたから 直接 彼女に 話して ください。<br>ちょくせつ　かのじょ　はな |
|---|---|
| 副 โดยตรง<br>langsung | กรุณาพูดกับเธอด้วยตัวเองโดยตรง<br>Silakan Anda berbicara langsung kepada dia (perempuan). |

➕ 直接的な โดยตรง / secara langsung<br>ちょくせつてき

| 874 □ 特に<br>とく | あまい物の中で、特に ケーキが 大好きです。<br>もの　なか　　とく　　　　　　だいす |
|---|---|
| 副 โดยเฉพาะอย่างยิ่ง<br>เป็นพิเศษ<br>khususnya | ในบรรดาของหวานชอบขนมเค้กมากเป็นพิเศษ<br>Saya sangat menyukai makanan manis khususnya kue. |

| 875 □ どんどん | 留学生が どんどん ふえて います。<br>りゅうがくせい |
|---|---|
| 副 ค่อย ๆ อย่างรวดเร็ว<br>pesat | นักศึกษาต่างชาติเพิ่มขึ้นอย่างรวดเร็ว<br>Jumlah mahasiswa asing meningkat pesat. |

**876**

☐

なるほど

<ruby>副<rt></rt></ruby> เข้าใจแล้ว
เป็นอย่างนี้เอง
**pantas saja/oh, begitu**

A「この 本は 練習問題も あって、いいですよ。」
B「なるほど。よさそうですね。」

A：หนังสือเล่มนี้มีแบบฝึกหัดคำถามด้วย ดีจังเลยนะ
B：อย่างนี้นี่เอง ดูท่าจะดีนะ
A：Buku ini bagus ya karena ada soal latihannya.
B：Oh, begitu. Sepertinya bagus ya.

👉 ระวังอย่าใช้คำนี้กับผู้ที่มีสถานภาพทางสังคมสูงกว่าเรา เพราะอาจจะฟังดู หยาบคายได้
Karena ada kemungkinan jika terhadap orang yang secara sosial lebih tinggi menjadi
tidak sopan, perlu berhati-hati agar tidak menggunakannya.

**877**

☐

はじめて

<ruby>副<rt></rt></ruby> ครั้งแรก
**pertama kali**

先月 はじめて、北海道へ 行くことが できました。

เมื่อเดือนก่อนได้ไปฮอกไกโดเป็นครั้งแรก
Akhirnya saya bisa pergi ke Hokkaido untuk pertama
kalinya bulan lalu.

**878**

☐

はじめに

<ruby>副<rt></rt></ruby> ตอนต้น อันดับแรก
**pertama**

はじめに にんじんを 細かく 切って ください。

อันดับแรกให้สับแครอทให้ละเอียด
Pertama, potonglah wortel kecil-kecil!

**879**

☐

もし

<ruby>副<rt></rt></ruby> ถ้า เผื่อว่า
**kalau**

もし 時間が あったら、ランチを しませんか。

ถ้ามีเวลา ไปกินข้าวกลางวันกันไหม
Kalau ada waktu, maukah makan siang bersama?

**880**

☐

もちろん

<ruby>副<rt></rt></ruby> แน่นอน
**tentu saja**

結婚式に 招待されたら、
もちろん 出席したいです。

ถ้าได้รับเชิญไปงานแต่งงาน ก็อยากจะเข้าร่วมอย่าง
แน่นอน
Kalau diundang ke pesta pernikahan Anda, tentu saja
saya akan hadir.

**881**

☐

やはり

<ruby>副<rt></rt></ruby> ตามคาด อย่างที่คิดไว้
**seperti yang sudah
diperkirakan**

きのうの 試合は やはり Aチームが
勝ちましたね。

ทีม A ชนะการแข่งขันเมื่อวานตามคาดนะ
Seperti yang sudah diperkirakan, tim A menang dalam
pertandingan kemarin ya.

≡ やっぱり（มักใช้ในการสนทนา / Yang biasanya digunakan dalam percakapan.）

---

**882** 実は
□

副 **อันที่จริง**
**Sebenarnya**

実は 来月、帰国する ことに なりました。
じつ らいげつ きこく

อันที่จริงจะต้องกลับประเทศเดือนหน้า
Sebenarnya bulan depan saya akan pulang ke negara saya.

👉 มักวางไว้ตรงต้นประโยค ปกติจะใช้เวลาขอความช่วยเหลือจากใคร เช่น 実は、おねがいが あるのですが……

Sering digunakan ketika memohon kepada seseorang dan diucapkan di awal kalimat, seperti 実は、おねがいが あるのですが……

---

**883** いかが
□

副 **อย่างไร**
**bagaimana**

コーヒーは いかが ですか。

รับกาแฟไหมครับ/คะ
Bagaimana, Anda mau kopi?

**🟰** どう

---

👉 คำนี้มักจะใช้เป็นคำกริยาวิเศษณ์ / Kata berikut ini sering digunakan sebagai kata keterangan.

---

**884** いっしょうけんめい
□ 〈な〉

名 **พยายามอย่างเต็มที่**
ナ形 **sungguh-sungguh/**
**serius**

毎日 いっしょうけんめい(に) 勉強して
まいにち べんきょう
います。(ナ形)

ตั้งใจเรียนอย่างเต็มที่ทุกวัน
Saya setiap hari belajar dengan sungguh-sungguh.

---

**885** おおぜい
□

名 **จำนวนมาก**
**banyak**

この 海は 有名で、人が おおぜい 来ます。
うみ ゆうめい ひと き

ทะเลนี้มีชื่อเสียง ผู้คนจึงมาเป็นจำนวนมาก
Karena pantai ini terkenal, banyak orang yang datang.

👉 ใช้กับจำนวนคนเท่านั้น ( おおぜいのりんご จะใช้ไม่ได้)
Digunakan untuk orang. Tidak bisa mengatakan banyak apel dengan おおぜいのりんご.

จำคำสันธานด้วยนะ！/ Mari menghafalkan juga kata penghubung!

---

**886** □ だから

子どもが 大好きです。
こ　　　だい す
だから、ようち園の 先生に なりたいです。
　　　　　　　　　えん　　せんせい

接続　**เพราะฉะนั้น**
**karena itu**

ชอบเด็กมาก เพราะฉะนั้นจึงอยากเป็นครูโรงเรียน
อนุบาล
Saya sangat suka anak-anak. Karena itu, saya ingin
menjadi guru Taman Kanak-kanak.

👉 A เป็นสาเหตุ B เป็นผลที่ตามมา / A adalah alasan, B adalah hasilnya.

---

**887** □ それで

きのうは 熱が ありました。
　　　　ねつ
それで、学校を 休みました。
　　　がっこう　やす

接続　**ด้วยเหตุนี้**
**maka**

เมื่อวานมีไข้ ด้วยเหตุนี้จึงหยุดโรงเรียน
Kemarin saya demam. Maka, saya tidak masuk sekolah.

👉 A เป็นสาเหตุ B เป็นผลที่ตามมา / A adalah alasan, B adalah hasilnya.

---

**888** □ または

電話 または メールで れんらくして ください。
でん わ

接続　**หรือ หรือว่า**
**atau**

กรุณาติดต่อทางโทรศัพท์หรือทางเมล
Tolong hubungi saya melalui telepon atau surat
elektronik!

👉 ใช้ในความหมายว่า "ไม่ว่า A หรือ B" ส่วนประโยคคำ ถามจะใช้ それとも
Digunakan dengan arti "yang mana antara A atau B." Dalam kalimat pertanyaan
digunakan kata それとも .

---

**889** □ それに

連休は ホテル代が 高いです。
れんきゅう　　　だい　　たか
それに、どこも 人が 多いです。
　　　　　　ひと　おお

接続　**นอกจากนี้**
**selain itu**

ช่วงวันหยุดยาวราคาโรงแรมจะแพงมาก
นอกจากนี้ ไม่ว่าที่ไหนก็เยอะไปหมด
Pada libur panjang, tarif hotel mahal. Selain itu, di mana
pun banyak orang.

👉 ใช้ในความหมายว่า "A ดีแล้ว แต่ B ดีกว่านั้นอีก" หรือ "A ว่าแย่แล้ว B ยิ่งแย่ไปกว่านั้นอีก"
Digunakan dengan arti "A bagus, lalu B lebih bagus" atau "A buruk, lalu B lebih
buruk."

**890** そのうえ

彼は ハンサムです。
そのうえ、とても お金持ちです。

接続 **ยิ่งไปกว่านั้น**
**dan lagi**

เขาหล่อ ยิ่งไปกว่านั้นยังรวยมากอีกด้วย
Dia tampan. Dan lagi, sangat kaya.

ใช้ในความหมายว่า "A ดีแล้ว แต่ B ดีกว่านั้นอีก" หรือ "A ว่าแย่แล้ว B
ยิ่งแย่ไปกว่านั้นอีก" โดยความหมายจะหนักแน่นกว่า それに
Digunakan dengan arti "A bagus, dan B lebih bagus" atau "A buruk, dan B lebih
buruk." Dibandingkan それに artinya lebih kuat.

**891** すると

空が 急に 暗くなりました。
すると、大雨が 降って きました。

接続 **แล้ว หลังจากนั้น**
**lalu**

อยู่ ๆ ท้องฟ้าก็มืดครึ้มลง แล้วฝนห่าใหญ่ก็ตกลงมา
Langit tiba-tiba gelap. Lalu, turun hujan lebat.

ใช้แสดงว่า B เกิดขึ้นตามหลัง A
Dipakai dengan arti "Setelah terjadi A, dilanjutkan terjadi B."

**892** けれども

日本は 住みやすいです。
けれども、物価が 高いです。

接続 **แต่ อย่างไรก็ดี**
**tetapi**

ประเทศญี่ปุ่นอยู่ได้สบาย ๆ แต่ว่าค่าครองชีพสูง
Tinggal di Jepang nyaman. Tetapi, harga barang mahal.

ใช้แสดงว่า A เป็นข้อเท็จจริง แต่ B ก็เป็นความจริงในอีกแง่มุมหนึ่งที่
แตกต่างจากความเชื่อเกี่ยวกับ A โดย けれど และ けど จะใช้เหมือนกัน
Artinya "A adalah kenyataan, dan B yang bertentangan dengan prediksi kita
berdasarkan kenyatan A juga benar." Bisa juga digunakan kata けれど dan けど.

**893** それなら

A「日本に 来たのは はじめてなんです。」
B「それなら、東京を 案内しますよ。」

接続 **ถ้าเป็นเช่นนั้น**
**ถ้าอย่างนั้น**
**kalau begitu**

A：มาญี่ปุ่นเป็นครั้งแรกเลย
B：ถ้าอย่างนั้นจะพาเที่ยวโตเกียวนะ
A：Saya baru datang pertama kali ke Jepang.
B：Kalau begitu, saya akan memandu Anda mengenai
Tokyo.

ใช้เมื่อเรากำลังฟังใครสักคนแล้วให้คำแนะนำหรือตัดสินใจบางสิ่งบางอย่าง
หากเป็นคนในครอบครัวหรือเพื่อนที่สนิทจะใช้ じゃ หรือ それじゃ
Digunakan pada waktu mengambil suatu keputusan atau memberikan masukan
mengenai hal yang dibicarakan lawan bicara. Kalau terhadap keluarga atau teman,
digunakan kata じゃ atau それじゃ.

| 894 □ | ところで | A「きのうの 雨は すごかったですね。」<br>B「ええ。<u>ところで</u>、明日の 夜は<br>　ひまですか。」 |
|---|---|---|
| 接続 | ว่าแต่<br>**ngomong-ngomong** | A : ฝนเมื่อวานนี้ตกหนักมากเลยเนอะ<br>B : ใช่ ว่าแต่ คืนพรุ่งนี้ว่างไหม<br>A : Hujan kemarin lebat sekali ya.<br>B : Benar. Ngomong-ngomong apakah besok malam<br>　luang? |

👉 ใช้บ่งชี้ว่าจะมีการเปลี่ยนหัวข้อสนทนาจากก่อนหน้านี้
Digunakan untuk mengubah topik pembicaraan.

コミュニケーションに 使える ことば ❷

 敬語
けいご

▶ ていねい語　คำสุภาพ / bahasa yang sopan

「です」「あります」→ございます

こちらが Mサイズで ございます。
エム

ตัวนี้เป็นไซส์ M ค่ะ/ครับ / Ini adalah ukuran M.

この Tシャツには Sサイズから XLサイズまで ございます。
ティー　　　　　エス　　　　　　エックスエル

เสื้อเชิ้ตนี้มีตั้งแต่ไซส์ S จนถึงไซส์ XL ค่ะ/ครับ

Kaos ini ada dari ukuran S sampai XL.

▶ お(ご)＋名

お金　お米　おはし　お酒　お茶
かね　こめ　　　　　　さけ　　ちゃ

👉 การใส่คำเหล่านี้ไว้หน้าคำนามจะทำให้คำนามสุภาพขึ้น
　　Jika ditambahkan pada Kata Benda menjadi lebih sopan.

お名前　ご住所　お宅　お仕事
なまえ　じゅうしょ　たく　しごと

👉 ใช้แสดงความเคารพเมื่อพูดถึงเรื่องราวของผู้อื่น
　　Digunakan untuk menunjukkan rasa hormat kepada orang lain.

▶ とくべつな敬語　ภาษาสุภาพชนิดพิเศษ / ragam bahasa hormat yang khusus
　　　　　　けいご

| そんけい語<br>คำยกย่อง / bahasa untuk meninggikan lawan bicara | | けんじょう語<br>คำถ่อมตน / bahasa untuk merendahkan diri |
|---|---|---|
| **いらっしゃる**<br>明日は ご自宅に いらっしゃいますか。<br>あす　　じたく<br>พรุ่งนี้อยู่บ้านหรือเปล่าคะ/ครับ<br>Apakah besok Anda ada di rumah? | いる | **おる**<br>明日は 一日中 家に おります。<br>あす　いちにちじゅう いえ<br>พรุ่งนี้อยู่บ้านทั้งวันค่ะ/ครับ<br>Saya besok ada di rumah seharian. |
| **なさる**<br>お休みの 日は 何を なさいますか。<br>やす　　ひ　なに<br>วันหยุดทำอะไรคะ/ครับ<br>Anda melakukan apa di hari libur? | する | **いたす**<br>そうじや せんたくを いたします。<br>ทำความสะอาดหรือไม่ก็ซักผ้าค่ะ/ครับ<br>Saya menyapu atau mencuci. |
| **いらっしゃる**<br>夏休みは どちらへ いらっしゃいますか。<br>なつやす<br>วันหยุดฤดูร้อนจะไปที่ไหนคะ/ครับ<br>Anda akan pergi ke mana pada libur<br>musim panas? | 行く/<br>い<br>来る<br>く | **まいる**<br>家族と シンガポールへ まいります。<br>かぞく<br>จะไปสิงคโปร์กับครอบครัวค่ะ/ครับ<br>Saya akan pergi ke Singapura<br>dengan keluarga. |

| | | |
|---|---|---|
| **おっしゃる**<br>お名前は なんと おっしゃいますか。<br>คุณชื่ออะไรคะ/ครับ<br>Siapakah nama Anda? | **言う** | **もうす**<br>私は 田中と もうします。<br>ดิฉัน/ผมชื่อทานากะค่ะ/ครับ<br>Saya Tanaka. |
| **めしあがる**<br>日本の お酒を めしあがりますか。<br>ดื่มเหล้าญี่ปุ่นไหมคะ/ครับ<br>Apakah Anda hendak minum sake Jepang? | **食べる**<br>**/飲む** | **いただく**<br>はい、少し いただきます。<br>ค่ะ/ครับ ขอสักเล็กน้อยค่ะ/ครับ<br>Ya, saya akan minum sedikit saja. |
| **ごらんになる**<br>京都の 写真を ごらんに なりますか。<br>ดูรูปถ่ายเมืองเกียวโตไหมคะ/ครับ<br>Apakah Anda sudah melihat foto waktu di Kyoto? | **見る** | **はいけんする**<br>この本を はいけんしても<br>よろしいですか。<br>ขอดูหนังสือเล่มนี้ได้ไหมคะ/ครับ<br>Apakah saya boleh melihat buku ini? |
| **ごぞんじだ**<br>きのうの 事故を ごぞんじですか。<br>ทราบเรื่องอุบัติเหตุเมื่อวานนี้หรือ<br>เปล่าคะ/ครับ<br>Apakah Anda tahu tentang kecelakaan kemarin? | **知って**<br>**いる** | **ぞんじている**<br>はい、ぞんじて います。<br>ค่ะ/ครับ ทราบค่ะ/ครับ<br>Ya, saya mengetahuinya.<br>☞いいえ、ぞんじません。<br>ไม่ค่ะ/ครับ ไม่ทราบค่ะ/ครับ<br>Tidak saya tidak tahu. |
| | **会う** | **お目にかかる**<br>先日 お父さまに お目に かかり<br>ました。<br>วันก่อนได้พบคุณพ่อของคุณด้วย ค่ะ/ครับ<br>Beberapa waktu lalu saya bertemu dengan ayah Anda. |
| | **聞く/**<br>**たずねる** | **うかがう**<br>ちょっとうかがいますが、駅へ<br>は どう行ったら いいですか。<br>ขอถามนิดหนึ่งค่ะ/ครับ สถานีไป อย่างไรคะ/ครับ<br>Mohon maaf saya ingin bertanya sebentar, sebaiknya saya pergi ke arah mana jika ingin ke arah stasiun?<br>明日 午後 そちらに うかがいます。<br>จะไปพบช่วงบ่ายวันพรุ่งนี้ค่ะ/ครับ<br>Besok sore saya akan berkunjung ke sana. |

178

## 人にあげる&人からもらう

การให้สิ่งของแก่ผู้อื่นและการได้รับสิ่งของจากผู้อื่น

Memberi kepada orang dan Menerima dari orang

| そんけい語<br>คำยกย่อง / bahasa untuk meninggikan lawan bicaca | | けんじょう語<br>คำถ่อมตน /<br>bahasa untuk merendahkan diri |
|---|---|---|
| | あげる | **さしあげる**<br>先生に おみやげを さしあげました。<br>มอบของฝากแก่อาจารย์<br>Saya memberikan oleh-oleh kepada guru/dosen. |
| | もらう | **いただく**<br>・先生に (から) カードを いただきました。<br>ได้รับการ์ดจากอาจารย์<br>Saya mendapatkan kartu dari guru/dosen.<br><br>・先生に 本を 貸して いただきました。<br>อาจารย์ให้ยืมหนังสือ<br>Saya dipinjami buku oleh guru/dosen. |
| **くださる**<br>・先生が カードを くださいました。<br>อาจารย์ให้การ์ดมา<br>Saya mendapat kartu dari guru/dosen.<br><br>・先生が いろいろな 日本文化を 教えて くださいました。<br>อาจารย์สอนวัฒนธรรมญี่ปุ่น ต่าง ๆ ให้<br>Saya diajari tentang berbagai macam budaya Jepang oleh guru/dosen. | くれる | |

▶ **そんけい語** คำยกย่อง / bahasa untuk meninggikan lawan bicara

• **お〜になる　ご〜になる　　〜＝Ｖます形**

社長は 明日から アメリカへ お出かけに なる 予定です。

ท่านประธานมีกำหนดการเดินทางไปสหรัฐอเมริกาตั้งแต่วันพรุ่งนี้

Direktur perusahaan besok direncanakan akan bepergian ke Amerika.

☞ คำกริยากลุ่ม 3 รูป N する จะผันเป็น ご〜になる

Kata kerja kelompok III dengan bentuk N する berubah menjadi ご〜になる .

部長は 今日の ミーティングに ご出席に なりますか。

ผู้จัดการฝ่ายจะเข้าร่วมการประชุมวันนี้หรือเปล่าคะ/ครับ

Apakah Bapak/Ibu kepala bagian akan menghadiri rapat hari ini?

• **〜(ら)れる**

今年の 夏休みは どこか 旅行に 行かれますか。

วันหยุดฤดูร้อนปีนี้จะไปเที่ยวที่ไหนบ้างหรือเปล่าคะ/ครับ

Apakah pada liburan musim panas tahun ini Anda akan berwisata ke suatu tempat?

```
Ｉグループ：Ｖない形＋れる
Ⅱグループ：Ｖます形＋られる
Ⅲグループ：される、こられる
```

• **お〜ください　ご〜ください**

こちらで 少々 お待ち ください。

กรุณารอที่นี่สักครู่นะคะ/ครับ / Mohon tunggu sebentar di sini.

駅での おたばこは ごえんりょ ください。

กรุณางดสูบบุหรี่ในสถานีด้วยค่ะ/ครับ / Mohon tidak merokok di stasiun.

```
お＋Ｖます形＋ください
ご＋Ｖます形＋ください
```

▶ **けんじょう語** คำถ่อมตน / bahasa untuk merendahkan diri

**お~する　ご~する**

## ここから 駅まで 車で お送りします。

จะขับรถจากที่นี่พาไปที่สถานีนะคะ/ครับ

Saya akan mengantar Anda dari sini sampai stasiun menggunakan mobil.

## 明日 こちらから ごれんらくします。

ทางนี้จะติดต่อไปวันพรุ่งนี้ค่ะ/ครับ

Besok pihak kami yang akan menghubungi Anda.

👉 ไม่สามารถใช้รูปนี้กับการกระทำของเราเองได้

　Tidak digunakan untuk diri sendiri.

## ずっと ほしかった 本を、きのう お買いしました。 ✕

เมื่อวานซื้อหนังสือที่อยากได้มานานมาแล้ว

Saya akhirnya membeli buku yang sudah lama saya inginkan kemarin.

▶ 「わたし」？ 「わたくし」？

私 อ่านได้ทั้ง わたし และ わたくし แต่ในทางธุรกิจหรือบริบทที่เป็นทางการ ปกติจะใช้ わたくし มากกว่า

私 kadang dibaca わたし atau わたくし, namun dalam bisnis atau situasi formal lebih umum digunakan kata わたくし.

| 読み<br>よ | 単語<br>たんご | 単語<br>No. |
|---|---|---|
| **あ** | | |
| あいさつ〈する〉 | あいさつ〈する〉 | 235 |
| あいず〈する〉 | 合図〈する〉 | 566 |
| あいだ | 間 | 414 |
| あいて | 相手 | 814 |
| アイディア | アイディア | 239 |
| あう | 合う | 533 |
| （じこに）あう | （事故に）あう | 493 |
| あおぞら | 青空 | 421 |
| あかちゃん | 赤ちゃん | 499 |
| あがる | 上がる | 361 |
| あき | 秋 | 452 |
| あきまつり | 秋祭り | 285 |
| あきらめる | あきらめる | 830 |
| あく | 開く | 476 |
| あく | 空く | 779 |
| アクセサリー | アクセサリー | 725 |
| あける | 開ける | 477 |
| あげる | 上げる | 105 |
| あげる | あげる | 539 |
| あご | あご | 660 |
| あごひげ | あごひげ | 661 |
| あさい | あさい | 766 |
| あさねぼう〈する〉 | 朝ねぼう〈する〉 | 114 |
| あじ | 味 | 322 |
| あじがする | 味がする | 322 |
| あした | 明日 | 17 |
| あす | 明日 | 17 |
| あそびあいて | 遊び相手 | 814 |
| あたたまる | 温まる | 349 |
| あたためる | 温める | 349 |
| あつい | 厚い | 765 |
| あつまる | 集まる | 632 |
| あつめる | 集める | 632 |
| あとかたづけ | あと片づけ | 92 |
| アニメ | アニメ | 614 |
| アパート | アパート | 53 |
| あぶない | 危ない | 497 |
| アメリカせい | アメリカ製 | 387 |
| あやまる | あやまる | 550 |
| あるまち | ある町 | 13 |
| （でんわが）ある | （電話が）ある | 809 |
| あるく | 歩く | 635 |
| あるくに | ある国 | 13 |
| アルコール | アルコール | 316 |
| あるとき | あるとき | 13 |
| あるひ | ある日 | 13 |
| あるひと | ある人 | 13 |
| あんしん〈な / する〉 | 安心〈な / する〉 | 820 |
| あんぜん〈な〉 | 安全〈な〉 | 496 |
| あんぜんうんてん | 安全運転 | 496 |
| あんない〈する〉 | 案内〈する〉 | 538 |
| **い** | | |
| い | 胃 | 669 |
| いか | 以下 | 739 |
| いがい | 以外 | 741 |
| いかが | いかが | 883 |
| いがく | 医学 | 193 |
| いがくぶ | 医学部 | 190 |
| いかだいがく | 医科大学 | 193 |
| いき | 行き | 502 |
| いきかえり | 行き帰り | 503 |
| いきる | 生きる | 712 |
| いけ | 池 | 449 |
| いけない | いけない | 609 |
| いけん | 意見 | 238 |
| いじめ | いじめ | 599 |
| いじめる | いじめる | 599 |
| いじょう | 以上 | 738 |
| いそぐ | 急ぐ | 270 |
| イタリアせい | イタリア製 | 387 |

| いちじきこく〈する〉 | 一時帰国〈する〉 | 298 |
| いちにちじゅう | 一日中 | 528 |
| いちねんじゅう | 一年中 | 528 |
| いつか | いつか | 10 |
| いっしょうけんめい〈な〉 | いっしょうけんめい〈な〉 | 884 |
| いつでも | いつでも | 9 |
| いっぱくふつか | 1泊2日 | 301 |
| いない | 以内 | 740 |
| いなか | いなか | 407 |
| いのり | 祈り | 822 |
| いのる | 祈る | 822 |
| いまにも | 今にも | 2 |
| いやな | いやな | 607 |
| イラスト | イラスト | 615 |
| いりぐち | 入り口（入口） | 72 |
| （おちゃを）いれる | （お茶を）入れる | 351 |
| ［お］いわい | ［お］祝い | 544 |
| いわう | 祝う | 544 |
| インスタントコーヒー | インスタントコーヒー | 357 |
| インスタントしょくひん | インスタント食品 | 357 |
| インスタントラーメン | インスタントラーメン | 357 |
| インフルエンザ | インフルエンザ | 692 |

| **う** | | |
| ウイスキー | ウイスキー | 316 |
| うえる | 植える | 460 |
| うかる | 受かる | 186 |
| うけつけ | 受付 | 232 |
| うけつける | 受け付ける | 232 |
| うける | 受ける | 185 |
| うごかす | 動かす | 94 |
| うごく | 動く | 95 |
| （あじが）うすい | （味が）うすい | 323 |
| うすい（ほん） | うすい（本） | 765 |
| うそ | うそ | 568 |
| うそつき | うそつき | 568 |
| うちゅう | 宇宙 | 443 |
| うちゅうりょこう | 宇宙旅行 | 443 |
| うつくしい | 美しい | 751 |

| うつす | うつす | 63 |
| うつる | うつる | 64 |
| うで | うで | 666 |
| うまい | うまい | 753 |
| うまくいく | うまくいく | 264 |
| うめ | うめ | 454 |
| うら | うら | 165 |
| うる | 売る | 383 |
| うるさい | うるさい | 595 |
| うれしい | うれしい | 816 |
| うれる | 売れる | 383 |
| うんてんしゅ | 運転手 | 480 |
| うんどう〈する〉 | 運動〈する〉 | 633 |
| うんどうかい | 運動会 | 633 |

| **え** | | |
| エアコン | エアコン | 104 |
| えいかいわきょうしつ | 英会話教室 | 626 |
| えいぎょう〈する〉 | 営業〈する〉 | 234 |
| えがお | 笑顔 | 817 |
| えきいん | 駅員 | 274 |
| えきまえ | 駅前 | 390 |
| えさ | えさ | 134 |
| えだ | 枝 | 457 |
| えはがき | 絵はがき | 305 |
| えらい | えらい | 181 |
| えらぶ | えらぶ | 380 |
| エンジン | エンジン | 505 |
| えんりょ〈する〉 | えんりょ〈する〉 | 551 |

| **お** | | |
| おいわいする | お祝いする | 544 |
| おうえん〈する〉 | おうえん〈する〉 | 648 |
| おおきい | 大きい | 747 |
| おおきな | 大きな | 747 |
| おおぜい | おおぜい | 885 |
| オートバイ | オートバイ | 465 |
| おかげ | おかげ | 547 |
| おかげさまで | おかげさまで | 547 |
| おかしい | おかしい | 700 |
| おかず | おかず | 356 |
| おきゃくさん | お客さん | 481 |

| おきる | 起きる | 111 |
|---|---|---|
| (じこが) おきる | (事故が) 起きる | 792 |
| おく | 億 | 510 |
| おくじょう | 屋上 | 405 |
| おくりもの | 贈り物 | 543 |
| おくる | 贈る | 542 |
| おくれる | おくれる | 804 |
| おこさん | お子さん | 40 |
| おじいさん | おじいさん | 41 |
| おしいれ | 押し入れ | 82 |
| おじさん | おじさん | 44 |
| おしらせ | お知らせ | 565 |
| (はんこを)おす | (はんこを)押す | 251 |
| おたく | お宅 | 66 |
| おちる | 落ちる | 584 |
| おっと | 夫 | 35 |
| おでこ | おでこ | 659 |
| おと | 音 | 593 |
| おとしだま | お年玉 | 288 |
| おとしより | お年より | 484 |
| おとす | 落とす | 583 |
| おととい | おととい | 18 |
| おととし | おととし | 26 |
| おとな | おとな | 483 |
| おどり | おどり | 619 |
| おどる | おどる | 619 |
| おどろく | おどろく | 834 |
| おば | おば | 45 |
| おばあさん | おばあさん | 42 |
| おばさん | おばさん | 45 |
| おみあいけっこん | お見合い結婚 | 564 |
| おみあいパーティー | お見合いパーティー | 562 |
| おもいだす | 思い出す | 214 |
| おもちゃ | おもちゃ | 385 |
| おもて | おもて | 165 |

| おやゆび | 親指 | 673 |
|---|---|---|
| おりる | 降りる | 469 |
| おる | 折る | 459 |
| おれい〈する〉 | お礼〈する〉 | 549 |
| おれる | 折れる | 458 |
| (おかねを)おろす | (お金を)下ろす | 382 |
| おんがくか | 音楽家 | 622 |
| おんせん | 温泉 | 403 |
| おんど | 温度 | 433 |

|  | か |  |
|---|---|---|
| カーテン | カーテン | 85 |
| かいがい | 海外 | 282 |
| かいがいりょこう | 海外旅行 | 282 |
| かいがん | 海岸 | 446 |
| かいぎ〈する〉 | 会議〈する〉 | 236 |
| かいぎしつ | 会議室 | 236 |
| かいぎちゅう | 会議中 | 236 |
| がいこく | 外国 | 282 |
| がいこくせい | 外国製 | 387 |
| がいこくりょこう | 外国旅行 | 282 |
| かいしゃいん | 会社員 | 274 |
| かいじょう | 会場 | 650 |
| かいとう | 解答 | 158 |
| ガイドブック | ガイドブック | 278 |
| かいものぶくろ | 買い物ぶくろ | 377 |
| かいわ〈する〉 | 会話〈する〉 | 224 |
| かう | 飼う | 52 |
| かえり | 帰り | 503 |
| かえる | 変える | 775 |
| かがく | 科学 | 192 |
| かがく | 化学 | 192 |
| かがみ | かがみ | 731 |
| かかりいん | 係員 | 369 |
| (かぎが)かかる | (かぎが)かかる | 74 |
| (カレンダーが)かかる | (カレンダーが)かかる | 102 |
| かぐ | 家具 | 87 |
| かくえきていしゃ | 各駅停車 | 462 |
| がくせいわりびき | 学生割引 | 363 |
| かくにん〈する〉 | かくにん〈する〉 | 211 |

| がくぶ | 学部 | 190 |
| (かずを)かける | (数を)かける | 225 |
| (いすに)かける | (いすに)かける | 103 |
| (えを)かける | (絵を)かける | 101 |
| (かぎを)かける | (かぎを)かける | 73 |
| (しんぱいを)かける | (心配を)かける | 49 |
| かざる | かざる | 99 |
| かじ | 家事 | 359 |
| かじ | 火事 | 791 |
| かしゅ | 歌手 | 622 |
| ガス | ガス | 79 |
| かぜ | 風 | 424 |
| かぞえる | 数える | 370 |
| ガソリン | ガソリン | 504 |
| ガソリンスタンド | ガソリンスタンド | 504 |
| かた | 肩 | 665 |
| かたい | かたい | 755 |
| かたち | 形 | 736 |
| かたづく | 片づく | 92 |
| かたづけ | 片づけ | 92 |
| かたづける | 片づける | 91 |
| かたほう | 片方 | 742 |
| かちょう | 課長 | 245 |
| かつ | 勝つ | 645 |
| がっかり〈する〉 | がっかり〈する〉 | 829 |
| かっこいい | かっこいい | 732 |
| カット〈する〉 | カット〈する〉 | 730 |
| カップラーメン | カップラーメン | 357 |
| かない | 家内 | 36 |
| かなしい | かなしい | 823 |
| かならず | かならず | 841 |
| かなり | かなり | 851 |
| かのじょ | 彼女 | 572 |
| かびん | 花びん | 96 |
| かぶき | かぶき | 618 |
| かべ | かべ | 75 |
| かみ | 髪 | 658 |
| かみがた | 髪型 | 728 |
| かみなり | かみなり | 428 |
| かみのけ | 髪の毛 | 658 |
| かむ | かむ | 327 |
| ガムをかむ | ガムをかむ | 327 |
| かよう | 通う | 167 |
| からから | からから | 690 |
| ガラス | ガラス | 84 |
| かれ | 彼 | 571 |
| かれら | 彼ら | 555 |
| カレンダー | カレンダー | 97 |
| かわいい | かわいい | 733 |
| かわかす | かわかす | 132 |
| (タオルが)かわく | (タオルが)かわく | 133 |
| (のどが)かわく | (のどが)かわく | 690 |
| かわる | 変わる | 776 |
| カン | カン | 120 |
| かんがえ | 考え | 208 |
| かんがえかた | 考え方 | 208 |
| かんがえる | 考える | 208 |
| かんけい | 関係 | 576 |
| かんごし | 看護師 | 716 |
| かんさいべん | 関西弁 | 409 |
| かんしゃ〈する〉 | かんしゃ〈する〉 | 548 |
| かんたんな | かんたんな | 174 |
| かんづめ | かんづめ | 358 |
| かんぱい〈する〉 | かんぱい〈する〉 | 317 |
| がんばって！ | がんばって！ | 217 |
| がんばる | がんばる | 217 |
| がんばれ！ | がんばれ！ | 217 |
| かんりにん | 管理人 | 56 |

## き

| キーワード | キーワード | 788 |
| きえる | 消える | 110 |
| きおん | 気温 | 433 |
| きかい | 機会 | 815 |
| きがつく | 気がつく | 552 |
| きけん〈な〉 | 危険〈な〉 | 497 |
| きこえる | 聞こえる | 778 |
| きこく〈する〉 | 帰国〈する〉 | 298 |
| ぎじゅつ | 技術 | 253 |
| きず | きず | 698 |
| きせつ | 季節 | 452 |

| | | |
|---|---|---|
| きそく | 規則 | 247 |
| きたない | きたない | 752 |
| きちんと〈する〉 | きちんと〈する〉 | 844 |
| きつえん〈する〉 | きつ煙〈する〉 | 410 |
| きづく | 気づく | 552 |
| キッチン | キッチン | 77 |
| きっと | きっと | 842 |
| きのうのばん | きのうの晩 | 19 |
| きのうのよる | きのうの夜 | 19 |
| きびしい | きびしい | 179 |
| きぶん | 気分 | 836 |
| きぶんがわるい | 気分が悪い | 837 |
| きまる | 決まる | 248 |
| きみ | きみ | 573 |
| きめる | 決める | 249 |
| きもちがわるい | 気持ちが悪い | 702 |
| きもの | 着物 | 718 |
| キャンセル〈する〉 | キャンセル〈する〉 | 805 |
| キャンディ | キャンディ | 311 |
| キャンプ〈する〉 | キャンプ〈する〉 | 612 |
| きゅうきゅうしゃ | 救急車 | 714 |
| きゅうけい〈する〉 | 休けい〈する〉 | 272 |
| きゅうこう | 急行 | 462 |
| きゅうに | 急に | 863 |
| きゅうりょう | 給料 | 229 |
| きゅうりょうび | 給料日 | 229 |
| きょういく〈する〉 | 教育〈する〉 | 152 |
| きょういくがくぶ | 教育学部 | 152 |
| きょうかい | 教会 | 397 |
| きょうかしょ | 教科書 | 162 |
| きょうみ | きょうみ | 630 |
| きょか〈する〉 | きょか〈する〉 | 250 |
| きょく | 曲 | 622 |
| きれいな | きれいな | 752 |
| きれる | 切れる | 781 |
| キロ | キロ | 508 |
| きをつける | 気をつける | 689 |
| きんえん〈する〉 | 禁煙〈する〉 | 410 |
| ぎんこういん | 銀行員 | 274 |
| きんじょ | 近所 | 69 |
| きんちょう〈する〉 | きんちょう〈する〉 | 831 |

### く

| | | |
|---|---|---|
| ぐあい | 具合 | 701 |
| くうき | 空気 | 444 |
| くうこう | 空港 | 294 |
| くさる | くさる | 352 |
| くすりゆび | くすり指 | 673 |
| くちびる | くちびる | 662 |
| クッキー | クッキー | 311 |
| くつした | くつ下 | 719 |
| くび | 首 | 663 |
| くみたてしき | 組み立て式 | 89 |
| くみたてる | 組み立てる | 89 |
| くもり | くもり | 423 |
| くもる | くもる | 423 |
| くやくしょ | 区役所 | 392 |
| くらし | 暮らし | 143 |
| クラシック | クラシック | 623 |
| くらす | 暮らす | 143 |
| くらべる | 比べる | 435 |
| クリーニング | クリーニング | 130 |
| くるま | 車 | 464 |
| くれる | くれる | 540 |
| くわしい | くわしい | 756 |

### け

| | | |
|---|---|---|
| けいかく〈する〉 | 計画〈する〉 | 280 |
| けいけん〈する〉 | 経験〈する〉 | 303 |
| けいざい | 経済 | 511 |
| けいさん〈する〉 | 計算〈する〉 | 368 |
| けいたいでんわ | 携帯電話 | 116 |
| ケーキ | ケーキ | 311 |
| ケータイ | ケータイ | 116 |
| ゲーム | ゲーム | 616 |
| ゲームソフト | ゲームソフト | 255 |
| けが〈する〉 | けが〈する〉 | 697 |
| けしき | 景色 | 284 |
| けす | 消す | 109 |
| けっこん〈する〉 | 結婚〈する〉 | 564 |
| けっこんしき | 結婚式 | 564 |
| けっこんゆびわ | 結婚指輪 | 722 |

| | | |
|---|---|---|
| けっして | けっして | 858 |
| けっせき〈する〉 | 欠席〈する〉 | 198 |
| けれども | けれども | 892 |
| げんいん | 原因 | 603 |
| けんか〈する〉 | けんか〈する〉 | 567 |
| けんがく〈する〉 | 見学〈する〉 | 304 |
| げんかん | げんかん | 71 |
| けんきゅう〈する〉 | 研究〈する〉 | 202 |
| けんきゅうしつ | 研究室 | 202 |
| けんきゅうしゃ | 研究者 | 202 |
| けんきゅうじょ | 研究所 | 202 |
| けんこう〈な〉 | けんこう〈な〉 | 682 |
| けんこうしんだん | けんこう診断 | 682 |
| けんどう | 剣道 | 653 |
| けんぶつ〈する〉 | 見物〈する〉 | 304 |
| げんりょう | 原料 | 515 |

| こ | | |
|---|---|---|
| (あじが)こい | (味が)こい | 324 |
| こうがい | 郊外 | 408 |
| ごうかくする | 合格する | 186 |
| こうがくぶ | 工学部 | 190 |
| こうぎ〈する〉 | こうぎ〈する〉 | 196 |
| こうこう | 高校 | 147 |
| こうこうせい | 高校生 | 147 |
| こうこうやきゅう | 高校野球 | 655 |
| こうじょう | 工場 | 276 |
| こうそく | 校則 | 247 |
| こうつう | 交通 | 467 |
| こうはい | こうはい | 554 |
| こうばん | 交番 | 391 |
| こうむいん | 公務員 | 274 |
| こうよう | 紅葉 | 453 |
| こえ | 声 | 593 |
| コース | コース | 649 |
| ゴール〈する〉 | ゴール〈する〉 | 651 |
| ゴールデンウィーク | ゴールデンウィーク | 287 |
| こくさい | 国際 | 527 |
| こくさいか | 国際化 | 527 |
| こくさいけっこん | 国際結婚 | 527 |
| こくさいでんわ | 国際電話 | 527 |

| | | |
|---|---|---|
| こくない | 国内 | 283 |
| こくないりょこう | 国内旅行 | 283 |
| こころ | 心 | 838 |
| こころから〜 | 心から〜 | 838 |
| こし | こし | 670 |
| こしょう | こしょう | 319 |
| こしょう〈する〉 | 故障〈する〉 | 500 |
| こたえ | 答え | 158 |
| こたえる | 答える | 158 |
| ごちそう〈する〉 | ごちそう〈する〉 | 315 |
| ことり | 小鳥 | 451 |
| このあいだ | この間 | 7 |
| このごろ | このごろ | 5 |
| コピーき | コピー機 | 128 |
| こまかい | 細かい | 757 |
| こまる | 困る | 579 |
| ごみ | ごみ | 118 |
| ごみばこ | ごみ箱 | 118 |
| こむ | こむ | 472 |
| [お]こめ | [お]米 | 354 |
| こゆび | 小指 | 673 |
| こわい | 怖い | 758 |
| こわす | こわす | 585 |
| こわれる | こわれる | 585 |
| こんげつ | 今月 | 22 |
| コンサート | コンサート | 624 |
| こんしゅう | 今週 | 21 |
| コンディショナー | コンディショナー | 127 |
| コンテスト | コンテスト | 627 |
| こんど | 今度 | 8 |
| こんばん | 今晩 | 20 |
| こんや | 今夜 | 20 |
| こんやく〈する〉 | 婚約〈する〉 | 563 |
| こんやくゆびわ | 婚約指輪 | 722 |

| さ | | |
|---|---|---|
| さいきん | 最近 | 6 |
| さいご | 最後 | 33 |
| さいしょ | 最初 | 31 |
| さいちゅう | 最中 | 32 |
| さいふ | さいふ | 366 |

| | | |
|---|---|---|
| ざいりょう | 材料 | 332 |
| サイン〈する〉 | サイン〈する〉 | 372 |
| さがす | さがす | 379 |
| さがる | 下がる | 361 |
| さきに | 先に | 34 |
| さく | 咲く | 455 |
| さくぶん | 作文 | 171 |
| さくら | さくら | 454 |
| さげる | 下げる | 105 |
| (かさを)さす | (かさを)さす | 430 |
| さそい | さそい | 807 |
| さそう | さそう | 807 |
| さっき | さっき | 4 |
| さどう | 茶道 | 617 |
| さびしい | さびしい | 824 |
| [お]さら | [お]皿 | 339 |
| さらいげつ | 再来月 | 24 |
| さらいしゅう | 再来週 | 23 |
| さらいねん | 再来年 | 25 |
| サラダ | サラダ | 310 |
| サワー | サワー | 316 |
| さわぐ | さわぐ | 594 |
| さわる | さわる | 600 |
| さんか〈する〉 | 参加〈する〉 | 811 |
| さんかしゃ | 参加者 | 811 |
| ざんぎょう〈する〉 | 残業〈する〉 | 268 |
| さんせい〈する〉 | さんせい〈する〉 | 535 |
| サンダル | サンダル | 723 |
| さんぱくよっか | 3泊4日 | 301 |
| さんれんきゅう | 3連休 | 287 |

| | し | |
|---|---|---|
| じ | 字 | 218 |
| しあい | 試合 | 638 |
| しあわせ〈な〉 | しあわせ〈な〉 | 818 |
| しかた | しかた | 262 |
| しかる | しかる | 50 |
| しけん | 試験 | 166 |
| じこ | 事故 | 492 |
| じこくひょう | 時こく表 | 279 |
| じこしょうかい〈する〉 | 自己紹介〈する〉 | 532 |

| | | |
|---|---|---|
| ししゃ | 支社 | 244 |
| じしょ | 辞書 | 209 |
| じしん | 地震 | 436 |
| じだい | 時代 | 526 |
| したぎ | 下着 | 720 |
| じたく | 自宅 | 65 |
| したく〈する〉 | したく〈する〉 | 293 |
| しっかり[と]〈する〉 | しっかり[と]〈する〉 | 843 |
| じっけん〈する〉 | 実験〈する〉 | 203 |
| しつど | 湿度 | 433 |
| じつは | 実は | 882 |
| しっぱい〈する〉 | 失敗〈する〉 | 652 |
| しつもん〈する〉 | 質問〈する〉 | 157 |
| してん | 支店 | 244 |
| じてん | 辞典 | 209 |
| じどうしゃ | 自動車 | 464 |
| しぬ | 死ぬ | 713 |
| しばらく | しばらく | 864 |
| しま | 島 | 445 |
| しまる | 閉まる | 478 |
| じむしょ | 事務所 | 277 |
| しめきり | しめ切り | 201 |
| しめきる | しめ切る | 201 |
| しめる | 閉める | 479 |
| しやくしょ | 市役所 | 392 |
| しゃちょう | 社長 | 245 |
| しゃちょうしつ | 社長室 | 245 |
| じゃま〈な/する〉 | じゃま〈な/する〉 | 570 |
| シャンプー〈する〉 | シャンプー〈する〉 | 127 |
| じゆう〈な〉 | 自由〈な〉 | 745 |
| しゅうかん | 習慣 | 144 |
| じゅうしょ | 住所 | 57 |
| じゅうどう | 柔道 | 653 |
| じゅうぶんな | じゅうぶんな | 750 |
| しゅうまつ | 週末 | 30 |
| じゅぎょう | 授業 | 154 |
| じゅく | じゅく | 215 |
| しゅしょう | 首相 | 519 |
| しゅじん | 主人 | 35 |
| しゅっせき〈する〉 | 出席〈する〉 | 197 |

| | | |
|---|---|---|
| しゅっちょう〈する〉 | 出張〈する〉 | 241 |
| しゅっぱつ〈する〉 | 出発〈する〉 | 296 |
| しゅっぱつロビー | 出発ロビー | 296 |
| じゅんび〈する〉 | 準備〈する〉 | 293 |
| しょうかい〈する〉 | 紹介〈する〉 | 532 |
| しょうがくせい | 小学生 | 145 |
| ［お］しょうがつ | ［お］正月 | 288 |
| しょうがっこう | 小学校 | 145 |
| しようきんし | 使用禁止 | 411 |
| じょうずな | 上手な | 753 |
| しょうせつ | 小説 | 625 |
| しょうせつか | 小説家 | 625 |
| しょうたい〈する〉 | 招待〈する〉 | 68 |
| しょうたいじょう | 招待状 | 68 |
| じょうぶな | じょうぶな | 683 |
| じょうほう | 情報 | 786 |
| じょうほうばんぐみ | 情報番組 | 786 |
| しょうゆ | しょうゆ | 319 |
| しょうらい | しょうらい | 11 |
| ショート（ヘア） | ショート（ヘア） | 728 |
| ジョギング〈する〉 | ジョギング〈する〉 | 636 |
| しょくじ〈する〉 | 食事〈する〉 | 810 |
| しょくりょうひん | 食料品 | 384 |
| じょしだいせい | 女子大生 | 184 |
| じょせい | 女性 | 680 |
| じょゆう | 女優 | 621 |
| しょるい | 書類 | 256 |
| しらせる | 知らせる | 565 |
| しらべる | 調べる | 210 |
| ［お］しり | ［お］しり | 672 |
| しりあい | 知り合い | 531 |
| しりあう | 知り合う | 531 |
| しりょう | 資料 | 256 |
| しろ | 城 | 395 |
| しんかんせん | 新幹線 | 461 |
| シングル | シングル | 575 |
| シングル（ベッド） | シングル（ベッド） | 291 |
| しんごう | 信号 | 506 |
| じんこう | 人口 | 509 |
| じんじゃ | 神社 | 396 |
| しんじる | 信じる | 821 |
| しんせき | 親せき | 46 |
| しんちょう | 身長 | 678 |
| しんにゅうせい | 新入生 | 150 |
| しんねんかい | 新年会 | 273 |
| しんぱい〈する〉 | 心配〈な／する〉 | 827 |
| しんぶんしゃ | 新聞社 | 782 |
| しんゆう | 親友 | 553 |

### す

| | | |
|---|---|---|
| すいえい | 水泳 | 654 |
| すいどう | 水道 | 78 |
| ずいぶん［と］ | ずいぶん［と］ | 850 |
| すうがく | 数学 | 159 |
| スーツ | スーツ | 717 |
| スキーじょう | スキー場 | 402 |
| すぎる | すぎる | 475 |
| すく | すく | 473 |
| （おなかが）すく | （おなかが）すく | 691 |
| スケジュール | スケジュール | 240 |
| すごい | すごい | 759 |
| すごす | すごす | 302 |
| すすむ | 進む | 485 |
| スタート〈する〉 | スタート〈する〉 | 651 |
| ずっと | ずっと | 865 |
| ステーキ | ステーキ | 308 |
| すてる | すてる | 353 |
| ストレス | ストレス | 839 |
| すばらしい | すばらしい | 760 |
| スピーチ〈する〉 | スピーチ〈する〉 | 797 |
| スピーチコンテスト | スピーチコンテスト | 797 |
| スピーチたいかい | スピーチ大会 | 797 |
| すべる | すべる | 495 |
| スポーツクラブ | スポーツクラブ | 657 |
| スポーツジム | スポーツジム | 657 |
| スポーツタオル | スポーツタオル | 131 |
| スポーツばんぐみ | スポーツ番組 | 784 |
| スマホ（スマートフォン） | スマホ（スマートフォン） | 116 |
| すみ | すみ | 86 |
| すもう | すもう | 653 |

| | | |
|---|---|---|
| すると | すると | 891 |
| すわる | 座る | 103 |

## せ

| | | |
|---|---|---|
| せいかつ〈する〉 | 生活〈する〉 | 142 |
| せいかつしゅうかん | 生活習慣 | 144 |
| せいき | 世紀 | 525 |
| せいこう〈する〉 | 成功〈する〉 | 265 |
| せいじ | 政治 | 518 |
| せいじか | 政治家 | 518 |
| せいせき | せいせき | 168 |
| せいと | 生徒 | 153 |
| せいり〈する〉 | 整理〈する〉 | 93 |
| せいりせいとん | 整理せいとん | 93 |
| セール | セール | 362 |
| せかいいさん | 世界遺産 | 524 |
| せかいし | 世界史 | 160 |
| せかいじゅう | 世界中 | 528 |
| せかいちず | 世界地図 | 161 |
| せき | 席 | 482 |
| せきゆ | 石油 | 516 |
| せっけん | せっけん | 126 |
| ぜったい[に] | ぜったい[に] | 846 |
| せつび | せつび | 182 |
| せつめい〈する〉 | 説明〈する〉 | 222 |
| せなか | 背中 | 668 |
| ぜひ | ぜひ | 847 |
| せわ〈する〉 | 世話〈する〉 | 135 |
| せわになる | 世話になる | 135 |
| せんしゅ | 選手 | 643 |
| ぜんぜん | ぜんぜん | 857 |
| せんそう | 戦争 | 522 |
| せんたくき | せんたく機 | 128 |
| せんたくもの | せんたく物 | 129 |
| せんぱい | せんぱい | 554 |
| せんもん | 専門 | 191 |
| せんもんがっこう | 専門学校 | 149 |

## そ

| | | |
|---|---|---|
| そうさ〈する〉 | そうさ〈する〉 | 490 |
| そうしき | そう式 | 713 |
| そうだん〈する〉 | 相談〈する〉 | 534 |
| そうだんあいて | 相談相手 | 814 |
| ソース | ソース | 320 |
| そつぎょう〈する〉 | 卒業〈する〉 | 151 |
| そつぎょうしき | 卒業式 | 151 |
| そつぎょうせい | 卒業生 | 151 |
| そつぎょうろんぶん | 卒業論文 | 200 |
| ソックス | ソックス | 719 |
| そのうえ | そのうえ | 890 |
| そのまま | そのまま | 866 |
| そふ | 祖父 | 41 |
| ソフト | ソフト | 255 |
| そぼ | 祖母 | 42 |
| そら | 空 | 439 |
| それで | それで | 887 |
| それなら | それなら | 893 |
| それに | それに | 889 |
| そろそろ | そろそろ | 867 |

## た

| | | |
|---|---|---|
| たいいん〈する〉 | 退院〈する〉 | 710 |
| ダイエット〈する〉 | ダイエット〈する〉 | 687 |
| たいおんけい | 体温計 | 695 |
| たいかい | 大会 | 639 |
| だいがくいんせい | 大学院生 | 184 |
| だいがくせい | 大学生 | 184 |
| だいがくにゅうし | 大学入試 | 166 |
| だいじな | 大事な | 577 |
| たいじゅう | 体重 | 679 |
| たいじゅうけい | 体重計 | 679 |
| だいたい | だいたい | 854 |
| たいてい | たいてい | 855 |
| だいとうりょう | 大統領 | 520 |
| だいどころ | 台所 | 77 |
| だいぶ | だいぶ | 852 |
| たいふう | 台風 | 427 |
| たいよう | 太陽 | 438 |
| たいりょく | 体力 | 677 |
| たおす | 倒す | 703 |
| タオル | タオル | 131 |
| たおれる | 倒れる | 703 |
| だから | だから | 886 |

| たくはいびん | 宅配便 | 137 |
| たしか | たしか | 870 |
| たしかに | たしかに | 870 |
| たしかめる | たしかめる | 211 |
| たす | 足す | 225 |
| だす | 出す | 123 |
| たずねる | たずねる | 417 |
| たずねる | 訪ねる | 537 |
| タダ | タダ | 364 |
| ただしい | 正しい | 761 |
| たたみ | たたみ | 81 |
| たちいりきんし | 立入禁止 | 411 |
| たつ | 建つ | 59 |
| たつ | 立つ | 61 |
| たったいま | たった今 | 1 |
| たてる | 建てる | 58 |
| たてる | 立てる | 60 |
| たとえば | たとえば | 872 |
| たな | たな | 88 |
| たのしみ〈な〉 | 楽しみ〈な〉 | 629 |
| たのしむ | 楽しむ | 628 |
| たのむ | たのむ | 266 |
| ダブル（ベッド） | ダブル（ベッド） | 291 |
| たべほうだい | 食べ放題 | 313 |
| たまに | たまに | 856 |
| だめな | だめな | 608 |
| たりる | 足りる | 373 |
| たりない | 足りない | 750 |
| たんじょうかい | たんじょう会 | 273 |
| ダンス〈する〉 | ダンス〈する〉 | 619 |
| だんせい | 男性 | 681 |
| だんぼう | 暖房 | 104 |

| | ち | |
| ち | 血 | 676 |
| ちいさい | 小さい | 748 |
| ちいさな | 小さな | 748 |
| チーム | チーム | 644 |
| チェック〈する〉 | チェック〈する〉 | 176 |
| ちか | 地下 | 406 |
| ちがい | ちがい | 774 |

| ちがう | ちがう | 774 |
| ちかく | 近く | 281 |
| ちから | 力 | 677 |
| ちきゅう | 地球 | 443 |
| ちこく〈する〉 | ちこく〈する〉 | 252 |
| ちっとも | ちっとも | 859 |
| チャレンジ〈する〉 | チャレンジ〈する〉 | 331 |
| ちゃわん | ちゃわん | 340 |
| チャンス | チャンス | 815 |
| ちゃんと〈する〉 | ちゃんと〈する〉 | 845 |
| ちゅうい〈する〉 | 注意〈する〉 | 498 |
| ちゅうがくせい | 中学生 | 146 |
| ちゅうがっこう | 中学校 | 146 |
| ちゅうし〈する〉 | 中止〈する〉 | 642 |
| ちゅうしゃ〈する〉 | 駐車〈する〉 | 404 |
| ちゅうしゃきんし | 駐車禁止 | 404 |
| ちゅうしゃじょう | 駐車場 | 404 |
| ちゅうび | 中火 | 344 |
| ちゅうもん〈する〉 | 注文〈する〉 | 314 |
| ちょうし | 調子 | 699 |
| ちょうどいい | ちょうどいい | 734 |
| ちょきん〈する〉 | 貯金〈する〉 | 231 |
| ちょきんばこ | 貯金箱 | 231 |
| ちょくせつ | 直接 | 873 |
| ちょくせつてきな | 直接的な | 873 |
| ちり | 地理 | 161 |

| | つ | |
| ツイン（ベッド） | ツイン（ベッド） | 291 |
| つうやく〈する〉 | 通訳〈する〉 | 260 |
| つかう | 使う | 468 |
| つかまえる | つかまえる | 598 |
| つき | 月 | 440 |
| つきあい | 付き合い | 559 |
| つきあう | 付き合う | 559 |
| （テレビが）つく | （テレビが）つく | 108 |
| （よごれが）つく | （よごれが）つく | 321 |
| （しょうゆを）つける | （しょうゆを）つける | 321 |
| （でんきを）つける | (電気を)つける | 107 |
| つごう | 都合 | 812 |
| つたえる | 伝える | 790 |

| つづく | つづく | 798 |
|---|---|---|
| つづける | つづける | 799 |
| つつむ | 包む | 381 |
| つとめる | つとめる | 228 |
| つなみ | 津波 | 437 |
| つま | 妻 | 36 |
| つまらない | つまらない | 828 |
| つめ | つめ | 674 |
| つよび | 強火 | 344 |
| [お] つり | [お] つり | 374 |
| つり | つり | 610 |
| つる | つる | 610 |
| つれていく | 連れて行く | 560 |
| つれてくる | 連れて来る | 561 |

| | て | |
|---|---|---|
| ていねいな | ていねいな | 746 |
| データ | データ | 787 |
| デート〈する〉 | デート〈する〉 | 558 |
| テキスト | テキスト | 162 |
| (ビルが)できる | (ビルが)できる | 419 |
| (べんきょうが)できる | (勉強が)できる | 172 |
| できるだけ | できるだけ | 848 |
| でぐち | 出口 | 72 |
| テスト | テスト | 166 |
| テストちゅう | テスト中 | 227 |
| てつだい | 手伝い | 267 |
| てつだう | 手伝う | 267 |
| てぶくろ | 手ぶくろ | 721 |
| てら | 寺 | 396 |
| でる | 出る | 124 |
| (がっこうを)でる | (学校を)出る | 151 |
| テレビきょく | テレビ局 | 783 |
| てん | 点 | 169 |
| てんいん | 店員 | 369 |
| てんきよほう | 天気予報 | 420 |
| でんげん | 電源 | 106 |
| でんしじしょ | 電子辞書 | 209 |
| てんすう | 点数 | 169 |
| てんらんかい | てんらん会 | 400 |

| でんわちゅう | 電話中 | 227 |
|---|---|---|

| | と | |
|---|---|---|
| どう | どう | 883 |
| どうぐ | 道具 | 336 |
| とうちゃく〈する〉 | 到着〈する〉 | 297 |
| とうちゃくロビー | 到着ロビー | 297 |
| とうとう | とうとう | 868 |
| どうぶつえん | 動物園 | 399 |
| とうほくべん | 東北弁 | 409 |
| どうも | どうも | 871 |
| とおく | 遠く | 281 |
| とおり | 通り | 412 |
| とおる | 通る | 474 |
| どくしん | 独身 | 575 |
| とくに | 特に | 874 |
| とくべつな | 特別な | 578 |
| ところ | ところ | 389 |
| ところで | ところで | 894 |
| とざん〈する〉 | 登山〈する〉 | 611 |
| とじる | 閉じる | 163 |
| とちゅう | とちゅう | 501 |
| どちらも | どちらも | 742 |
| とっきゅう | 特急 | 462 |
| とどく | とどく | 138 |
| とどける | とどける | 139 |
| とまる | 泊まる | 301 |
| とまる | 止まる | 488 |
| とめる | 止める | 487 |
| ドライバー | ドライバー | 480 |
| ドライブ | ドライブ | 480 |
| ドラマ | ドラマ | 620 |
| とり | 鳥 | 451 |
| とりかえる | 取りかえる | 378 |
| どろぼう | どろぼう | 596 |
| どんどん | どんどん | 875 |

| | な | |
|---|---|---|
| なおす | 直す | 586 |
| なおす | 治す | 707 |
| なおる | 治る | 708 |
| なおる | 直る | 586 |

| なかなか | なかなか | 862 |
| なかゆび | 中指 | 673 |
| なく | 泣く | 825 |
| なくす | なくす | 582 |
| なくなる | なくなる | 581 |
| なくなる | 亡くなる | 713 |
| なげる | 投げる | 656 |
| なつ | 夏 | 452 |
| なつまつり | 夏祭り | 285 |
| なべ | なべ | 337 |
| なまごみ | 生ごみ | 118 |
| なまほうそう | 生放送 | 789 |
| なみ | 波 | 432 |
| なみだ | なみだ | 826 |
| ならぶ | 並ぶ | 342 |
| ならべる | 並べる | 343 |
| なる | 鳴る | 117 |
| (よこに)なる | (よこに)なる | 705 |
| なるべく | なるべく | 848 |
| なるほど | なるほど | 876 |
| なれる | 慣れる | 263 |

| に | | |
| におい | におい | 326 |
| にがい | にがい | 325 |
| にぎやか〈な〉 | にぎやか〈な〉 | 595 |
| にげる | にげる | 606 |
| にじかい | 二次会 | 273 |
| にせもの | にせ物 | 388 |
| にっき | 日記 | 140 |
| にはくみっか | 2泊3日 | 301 |
| にほんし | 日本史 | 160 |
| にほんじゅう | 日本中 | 528 |
| にほんせい | 日本製 | 387 |
| にほんぶんがく | 日本文学 | 194 |
| にほんりょうり | 日本料理 | 306 |
| にゅういん〈する〉 | 入院〈する〉 | 709 |
| にゅうがく〈する〉 | 入学〈する〉 | 150 |
| にゅうがくしき | 入学式 | 150 |
| にゅうがくしけん | 入学試験 | 166 |
| ニュースばんぐみ | ニュース番組 | 784 |

| にゅうりょく〈する〉 | 入力〈する〉 | 258 |
| にる | 似る | 48 |
| にんき | 人気 | 557 |
| にんきもの | 人気者 | 557 |
| にんぎょう | 人形 | 385 |

| ぬ | | |
| ぬすむ | ぬすむ | 597 |
| ぬらす | ぬらす | 431 |
| ぬる | ぬる | 706 |
| ぬれる | ぬれる | 431 |

| ね | | |
| ねだん | ねだん | 360 |
| ねつ | 熱 | 694 |
| ねっしんな | 熱心な | 177 |
| ネットニュース | ネットニュース | 785 |
| ねぼう〈する〉 | ねぼう〈する〉 | 114 |
| ねむい | 眠い | 768 |
| ねむる | ねむる | 141 |

| の | | |
| のこす | 残す | 329 |
| のこる | 残る | 330 |
| のど | のど | 664 |
| のばす | 伸ばす | 637 |
| のびる | 伸びる | 637 |
| のみかい | 飲み会 | 273 |
| のみほうだい | 飲み放題 | 313 |
| のりかえ | 乗りかえ | 470 |
| のりかかる | 乗りかえる | 470 |
| のる | 乗る | 469 |

| は | | |
| は | 葉 | 456 |
| バーゲン | バーゲン | 362 |
| バーゲンセール | バーゲンセール | 362 |
| パーマ | パーマ | 728 |
| ばい | 倍 | 737 |
| バイク | バイク | 465 |
| はいしゃ | 歯医者 | 715 |
| はいゆう | 俳優 | 621 |
| (がっこうに)はいる | (学校に)入る | 150 |
| はがき | はがき | 305 |

| | | |
|---|---|---|
| はかる | はかる | 334 |
| はこぶ | 運ぶ | 489 |
| はじまる | 始まる | 155 |
| はじめて | はじめて | 877 |
| はじめに | はじめに | 878 |
| はじめる | 始める | 156 |
| ばしょ | 場所 | 389 |
| はしる | 走る | 634 |
| はずかしい | はずかしい | 832 |
| はずす | はずす | 780 |
| バスタオル | バスタオル | 131 |
| バスてい | バス停 | 393 |
| はずれる | はずれる | 780 |
| パソコン | パソコン | 254 |
| はたらく | 働く | 228 |
| ばつ | ばつ | 170 |
| はつおん〈する〉 | 発音〈する〉 | 223 |
| はっきり[と]〈する〉 | はっきり[と]〈する〉 | 849 |
| はっけん〈する〉 | 発見〈する〉 | 793 |
| はっぱ | 葉っぱ | 456 |
| はっぴょう〈する〉 | 発表〈する〉 | 796 |
| パトカー | パトカー | 714 |
| はなし | 話 | 224 |
| はなしあいて | 話し相手 | 814 |
| はなす | 話す | 224 |
| はなび | 花火 | 286 |
| はなびたいかい | 花火大会 | 286 |
| [お]はなみ | [お]花見 | 454 |
| はみがき〈する〉 | 歯みがき〈する〉 | 115 |
| はやおき〈する〉 | 早起き〈する〉 | 113 |
| はやし | 林 | 447 |
| はらう | 払う | 371 |
| はる | はる | 100 |
| はる | 春 | 452 |
| はれ | 晴れ | 422 |
| はれる | 晴れる | 422 |
| ばんぐみ | 番組 | 784 |
| はんたい〈する〉 | 反対〈する〉 | 536 |
| ハンバーガー | ハンバーガー | 309 |
| ハンバーグ | ハンバーグ | 309 |
| パンフレット | パンフレット | 386 |
| はんぶん | 半分 | 333 |
| **ひ** | | |
| ひ | 火 | 344 |
| ピアノきょうしつ | ピアノ教室 | 626 |
| ひえる | 冷える | 434 |
| ひかり | 光 | 442 |
| ひかる | 光る | 442 |
| ひきだし | 引き出し | 90 |
| ひく | 引く | 225 |
| かぜをひく | かぜをひく | 693 |
| ひげ | ひげ | 661 |
| ひざ | ひざ | 671 |
| ひじ | ひじ | 667 |
| びじゅつかん | 美術館 | 400 |
| ひじょうぐち | 非常口 | 605 |
| ひじょうじ | 非常時 | 605 |
| ひたい | ひたい | 659 |
| ビタミン | ビタミン | 684 |
| ビタミンエー | ビタミンA | 684 |
| ビタミンシー | ビタミンC | 684 |
| ひだりがわ | 左側 | 413 |
| びっくり〈する〉 | びっくり〈する〉 | 833 |
| ひっこし〈する〉 | ひっこし〈する〉 | 62 |
| ひっこす | ひっこす | 62 |
| ひつよう〈な〉 | ひつよう〈な〉 | 207 |
| ひどい | ひどい | 762 |
| ひとさしゆび | 人さし指 | 673 |
| ビニールぶくろ | ビニールぶくろ | 377 |
| ひま〈な〉 | ひま〈な〉 | 743 |
| ひも | ひも | 727 |
| ひゃくじゅうきゅうばん | 119番 | 604 |
| ひゃくとおばん | 110番 | 604 |
| ひやす | 冷やす | 350 |
| びよういん | 美容院 | 729 |
| ひらく | 開く | 163 |
| ひるま | 昼間 | 14 |
| ひるやすみ | 昼休み | 271 |
| ひろば | 広場 | 394 |
| びん | びん | 119 |

| | ふ | |
|---|---|---|
| ファイル | ファイル | 257 |
| ブーツ | ブーツ | 723 |
| ふえる | ふえる | 770 |
| ふかい | ふかい | 767 |
| ふく | 吹く | 425 |
| ふくざつな | ふくざつな | 206 |
| ふくしゅう〈する〉 | 復習〈する〉 | 213 |
| ふくろ | ふくろ | 377 |
| ふた | ふた | 338 |
| ぶちょう | 部長 | 245 |
| ふつう〈な〉 | ふつう〈な〉 | 744 |
| ぶっか | 物価 | 517 |
| ぶつかる | ぶつかる | 494 |
| ふとい | 太い | 763 |
| ふとる | 太る | 685 |
| ふとん | ふとん | 83 |
| ふなびん | 船便 | 466 |
| ふね | 船 | 466 |
| ふむ | ふむ | 601 |
| ふやす | ふやす | 771 |
| ふゆ | 冬 | 452 |
| フライパン | フライパン | 337 |
| ふりがな | ふりがな | 219 |
| プリント | プリント | 164 |
| プレゼント | プレゼント | 543 |
| プレゼントする | プレゼントする | 542 |
| プロやきゅう | プロ野球 | 655 |
| フロント | フロント | 300 |
| ぶん | 文 | 171 |
| ぶんか | 文化 | 523 |
| ぶんがく | 文学 | 194 |
| ぶんがくぶ | 文学部 | 194 |
| ぶんぽう | 文法 | 221 |
| | へ | |
| ヘアスタイル | ヘアスタイル | 728 |
| へいじつ | 平日 | 30 |
| へいわ〈な〉 | 平和〈な〉 | 521 |
| ぺこぺこ | ぺこぺこ | 691 |
| ペット | ペット | 47 |

| ペットショップ | ペットショップ | 47 |
|---|---|---|
| ペットボトル | ペットボトル | 121 |
| ベビーカー | ベビーカー | 499 |
| ベビーふく | ベビー服 | 499 |
| へらす | へらす | 773 |
| へる | へる | 772 |
| ベル | ベル | 183 |
| べんきょうちゅう | 勉強中 | 227 |
| べんごし | 弁護士 | 275 |
| へんじ〈する〉 | 返事〈する〉 | 530 |
| [お]べんとう | [お]べんとう | 355 |
| へんな | へんな | 749 |
| (ちょうしが)へんな | (調子が)へんな | 700 |
| | ほ | |
| ほいくえん | 保育園 | 148 |
| ぼうえき〈する〉 | 貿易〈する〉 | 512 |
| ほうげん | 方言 | 409 |
| ほうそう〈する〉 | 放送〈する〉 | 789 |
| ぼうねんかい | 忘年会 | 273 |
| ほうほう | 方法 | 261 |
| ほうもん〈する〉 | 訪問〈する〉 | 67 |
| ほうりつ | ほうりつ | 195 |
| ボーナス | ボーナス | 230 |
| ホームシック | ホームシック | 840 |
| ぼく | ぼく | 574 |
| ポケット | ポケット | 726 |
| ほけんしょう | 保険証 | 704 |
| ほし | 星 | 441 |
| ポスター | ポスター | 98 |
| ほそい | 細い | 764 |
| ほとんど | ほとんど | 861 |
| ほね | 骨 | 675 |
| ほめる | ほめる | 51 |
| ボランティア | ボランティア | 205 |
| ほんしゃ | 本社 | 244 |
| ほんだな | 本だな | 88 |
| ほんてん | 本店 | 244 |
| ほんもの | 本物 | 388 |
| ほんやく〈する〉 | ほんやく〈する〉 | 259 |
| ほんやくか | ほんやく家 | 259 |

| ま | | |
|---|---|---|
| まいしゅう | 毎週 | 27 |
| まいつき | 毎月 | 28 |
| まいとし | 毎年 | 29 |
| まける | 負ける | 647 |
| まご | まご | 43 |
| まじめな | まじめな | 180 |
| まぜる | まぜる | 335 |
| まだ | まだ | 860 |
| または | または | 888 |
| まちがい | まちがい | 175 |
| まちがう | まちがう | 175 |
| まちがえる | まちがえる | 175 |
| [お]まつり | [お]祭り | 285 |
| まとまる | まとまる | 204 |
| まとめる | まとめる | 204 |
| まにあう | 間に合う | 803 |
| マフラー | マフラー | 721 |
| (やくそくを)まもる | (約束を)守る | 801 |
| まよなか | 真夜中 | 16 |
| まる | まる | 170 |
| まわす | 回す | 491 |
| まわり | 周り | 70 |
| まわる | 回る | 491 |
| まんいん | 満員 | 472 |
| まんが | まんが | 613 |
| まんがか | まんが家 | 613 |
| マンション | マンション | 54 |
| まんせき | 満席 | 472 |
| まんてん | 満点 | 169 |
| まんなか | 真ん中 | 415 |
| み | | |
| [お]みあい〈する〉 | [お]見合い〈する〉 | 562 |
| ミーティング | ミーティング | 237 |
| ミーティングちゅう | ミーティング中 | 237 |
| ミーティングルーム | ミーティングルーム | 237 |
| みえる | 見える | 777 |
| みがく | みがく | 115 |
| みぎがわ | 右側 | 413 |
| みずうみ | 湖 | 448 |
| みそ | みそ | 319 |
| みち | 道 | 412 |
| みつかる | 見つかる | 794 |
| みつける | 見つける | 795 |
| みなと | 港 | 398 |
| [お]みまい | [お]見まい | 711 |
| みらい | 未来 | 11 |
| みる | 診る | 704 |
| みんな | みんな | 556 |
| む | | |
| むかう | 向かう | 486 |
| むかし | むかし | 12 |
| むかしばなし | むかし話 | 12 |
| むぎ | 麦 | 354 |
| むこう | 向こう | 416 |
| むし | 虫 | 450 |
| むすこ | むすこ | 38 |
| むすめ | むすめ | 39 |
| むり〈な〉 | むり〈な〉 | 269 |
| むりする | むりする | 269 |
| むりょう | 無料 | 364 |
| め | | |
| めいし | 名刺 | 233 |
| メールアドレス | メールアドレス | 529 |
| めずらしい | めずらしい | 769 |
| メニュー | メニュー | 312 |
| メモ〈する〉 | メモ〈する〉 | 220 |
| も | | |
| もうしこみ | 申し込み | 290 |
| もうしこむ | 申し込む | 290 |
| もうすぐ | もうすぐ | 3 |
| もえないごみ | もえないごみ | 125 |
| もえる | もえる | 125 |
| もくてき | 目的 | 188 |
| もし | もし | 879 |
| もじ | 文字 | 218 |
| もちろん | もちろん | 880 |
| もっと | もっと | 853 |
| もどす | もどす | 243 |
| もどる | もどる | 242 |

| もみじ | 紅葉 | 453 |
| もらう | もらう | 541 |
| もり | 森 | 447 |

## や

| やかん | やかん | 347 |
| やきゅう | 野球 | 655 |
| やく | 焼く | 345 |
| やくそく〈する〉 | 約束〈する〉 | 800 |
| やくにたつ | 役に立つ | 226 |
| やけど〈する〉 | やけど〈する〉 | 696 |
| やける | 焼ける | 346 |
| やこうバス | 夜行バス | 463 |
| やさしい | 易しい | 173 |
| やさしい | やさしい | 178 |
| やじるし | やじるし | 507 |
| やせる | やせる | 686 |
| やちん | 家賃 | 55 |
| やっと | やっと | 869 |
| やっぱり | やっぱり | 881 |
| やはり | やはり | 881 |
| やぶる | やぶる | 588 |
| (やくそくを)やぶる | (約束を)やぶる | 802 |
| やぶれる | やぶれる | 587 |
| やまのぼり | 山登り | 611 |
| やむ | やむ | 426 |
| やめる | やめる | 688 |
| やりかた | やり方 | 262 |
| やる | やる | 216 |
| やわらかい | やわらかい | 754 |

## ゆ

| ゆうえんち | 遊園地 | 401 |
| ゆうがた | 夕方 | 15 |
| ゆうしょう〈する〉 | 優勝〈する〉 | 646 |
| ゆうべ | ゆうべ | 19 |
| ゆうりょう | 有料 | 365 |
| ゆき | 行き | 502 |
| ゆきかえり | 行き帰り | 503 |
| ゆきまつり | 雪祭り | 285 |
| ゆしゅつ〈する〉 | ゆしゅつ〈する〉 | 513 |
| ゆにゅう〈する〉 | ゆにゅう〈する〉 | 514 |

| ゆび | 指 | 673 |
| ゆびわ | 指輪 | 722 |
| ゆめ | ゆめ | 189 |

## よ

| よう | 酔う | 318 |
| ようい〈する〉 | 用意〈する〉 | 341 |
| ようしつ | 洋室 | 80 |
| ようしょく | 洋食 | 307 |
| ようす | ようす | 735 |
| ようちえん | ようち園 | 148 |
| よくなる | よくなる | 708 |
| よごす | 汚す | 589 |
| よごれ | 汚れ | 590 |
| よごれる | 汚れる | 590 |
| よしゅう〈する〉 | 予習〈する〉 | 212 |
| よっぱらい | 酔っぱらい | 318 |
| よっぱらう | 酔っぱらう | 318 |
| よてい | 予定 | 813 |
| よていひょう | 予定表 | 813 |
| よなか | 夜中 | 16 |
| よみかた | 読み方 | 219 |
| よやく〈する〉 | 予約〈する〉 | 292 |
| よる | 寄る | 418 |
| よろこび | よろこび | 546 |
| よろこぶ | よろこぶ | 546 |
| よわび | 弱火 | 344 |

## ら

| ライブ | ライブ | 789 |
| らくな | 楽な | 819 |
| ラジオきょく | ラジオ局 | 783 |
| ラッシュ | ラッシュ | 471 |
| ランチ | ランチ | 271 |

## り

| りこん〈する〉 | 離婚〈する〉 | 564 |
| リサイクル | リサイクル | 122 |
| リサイクルショップ | リサイクルショップ | 122 |
| りゆう | 理由 | 602 |
| りゅうがく〈する〉 | 留学〈する〉 | 187 |
| りゅうがくせい | 留学生 | 187 |
| リュック | リュック | 724 |

| | | |
|---|---|---|
| りょう | 量 | 328 |
| りよう〈する〉 | 利用〈する〉 | 468 |
| りょうがえ〈する〉 | 両替〈する〉 | 295 |
| りょうがえじょ | 両替所 | 295 |
| りょうしゅうしょ | りょうしゅう書 | 376 |
| りょうしん | 両親 | 37 |
| りょうほう | 両方 | 742 |
| りょうりきょうしつ | 料理教室 | 626 |
| りょかん | 旅館 | 299 |
| りょこうがいしゃ | 旅行会社 | 289 |
| りょこうしゃ | 旅行社 | 289 |
| リンス | リンス | 127 |

### る

| | | |
|---|---|---|
| ルール | ルール | 246 |
| るす | るす | 136 |

### れ

| | | |
|---|---|---|
| れいぼう | 冷房 | 104 |
| レインコート | レインコート | 429 |
| レインブーツ | レインブーツ | 429 |
| れきし | 歴史 | 160 |
| レジ | レジ | 367 |
| レシート | レシート | 375 |
| レポート | レポート | 199 |
| れんきゅう | 連休 | 287 |
| れんらく〈する〉 | れんらく〈する〉 | 808 |

### ろ

| | | |
|---|---|---|
| ろうか | ろう下 | 76 |
| ろくおん〈する〉 | 録音〈する〉 | 631 |
| ろくが〈する〉 | 録画〈する〉 | 631 |
| ロケット | ロケット | 443 |
| ロング（ヘア） | ロング（ヘア） | 728 |
| ろんぶん | 論文 | 200 |

### わ

| | | |
|---|---|---|
| ワールドカップ | ワールドカップ | 640 |
| ワイン | ワイン | 316 |
| わかす | わかす | 348 |
| わかれる | 別れる | 569 |
| わく | わく | 348 |
| わけ | わけ | 806 |
| わしつ | 和室 | 80 |
| わしょく | 和食 | 306 |
| わすれもの | わすれ物 | 580 |
| わたす | わたす | 545 |
| わふう | 和風 | 80 |
| わふく | 和服 | 80 |
| わらいごえ | 笑い声 | 817 |
| わらう | 笑う | 817 |
| わりびき | 割引 | 363 |
| わりびく | 割り引く | 363 |
| わる | わる | 591 |
| （かずを）わる | （数を）わる | 225 |
| われる | われる | 592 |

<著者> アークアカデミー
1986年創立。ARCグループ校として、ARC東京日本語学校、アークアカデミー
新宿校、大阪校、京都校、ベトナムハノイ校がある。日本語教師養成科の卒
業生も1万人を超え、日本語を通して社会貢献できる人材育成を目指している。

監修　遠藤 由美子 (えんどう ゆみこ)
早稲田大学大学院日本語教育研究科修士課程修了
アークアカデミー新宿校校長
執筆　山田 光子 (やまだ みつこ)
立教大学文学部教育学科卒業
ARC東京日本語学校講師
協力　関 利器 (せき りき)
ARC東京日本語学校専任講師

## はじめての日本語能力試験
## N4 単語　1500 [タイ語・インドネシア語版]

2019年10月8日　初版　第1刷発行
2023年12月5日　初版　第2刷発行

| | |
|---|---|
| 著　者 | アークアカデミー |
| 翻訳 | Wiastiningsih (インドネシア語) |
| | Piyanuch Wiriyaenawat (タイ語) |
| 翻訳校正 | Lukman Hakim （インドネシア語） |
| イラスト | 花色木綿 |
| 装丁 | 岡崎裕樹 |
| 編集・DTP | 有限会社ギルド |
| 発行人 | 天谷修身 |
| 発行所 | 株式会社アスク |
| | 〒162-8558 東京都新宿区下宮比町2-6 |
| | TEL 03-3267-6864　FAX 03-3267-6867 |
| | https://www.ask-books.com/ |
| 印刷・製本 | 日経印刷株式会社 |